中华先烈人物故事汇

吴焕先

军事科学院解放军党史军史研究中心

学习出版社

中华先烈人物故事汇《吴焕先》编委会

目 录

Contents

引　子

吴焕先，中国共产党优秀党员，鄂豫皖革命根据地和红四方面军的创始人之一，中国工农红军杰出指挥员、优秀政治工作者，红 25 军军长、政治委员，以高尚的革命品质，坚强的党性觉悟，顽强的斗争意志，坚决果敢的革命胆略和卓越的领导指挥才能，赢得根据地军民和红 25 军官兵的信任与尊重，成为红 25 军的军魂。

吴焕先，1907 年 7 月 28 日出生于湖北省黄安县紫云区四角曹门村（今属河南省新县）一个殷实的地主家庭。自幼在乡塾读书。

1923 年，考入麻城蚕业学校，开始接受马克思列宁主义，走上革命道路。

1925 年，加入中国共产主义青年团，与戴克敏、曹学楷、郑位三等一起从事革命活动，并于年底加入中国共产党。

1926年秋，在四角曹门村建立了第一个农民协会组织。初冬，反动地主豪绅勾结土匪杀向箭厂河，血洗四角曹门村，吴焕先家中有6人惨遭杀害。

1927年5月，领导农民自卫军和数千名农协会员，于木城寨抗击陈二辉反动武装的进攻，坚持7天7夜，终将敌人击退。11月，参加领导黄（安）麻（城）起义，是起义总指挥部领导人之一。

1928年年初至5月，吴焕先到河南光山县柴山堡一带从事秘密活动，重新发动和组织群众。后与吴光浩、戴克敏、曹学楷、徐朋人等一起，领导开创鄂豫边第一块革命根据地——柴山堡。7月，担任中共紫云区委书记，负责恢复和开辟箭厂河地区的工作。

1929年6月，徐向前来到箭厂河，担任红军第31师领导工作。时值敌人发动“罗李会剿”，吴焕先等率领千余群众和自卫队，积极配合红军作战。

1930年4月，中共鄂豫皖特别区委员会在箭厂河成立，吴焕先当选鄂豫皖边特委委员，并兼任黄安县委书记等职务。

1931 年 5 月，任红 4 军第 12 师政治部主任。10 月 25 日，红 25 军在皖西成立，吴焕先任第 73 师政治委员。

1932 年 1 月，中共鄂豫皖省委在新集成立，吴焕先当选省委委员。6 月，蒋介石调集 30 万重兵，对鄂豫皖苏区发动第四次“围剿”。由于张国焘推行错误路线，未能粉碎敌人的“围剿”。8 月，吴焕先调任红四方面军政治部主任。9 月，红四方面军主力转向皖西地区，决定吴焕先留任鄂东北游击总司令。10 月，红四方面军主力转到外线作战。11 月，吴焕先根据鄂豫皖省委决定，主持重建红 25 军，并任军长。

1933 年 3 月至 4 月，吴焕先率红 25 军连续取得郭家河、潘家河、杨泗寨等战斗胜利，给敌人沉重打击。9 月初，鄂东北中心苏区保卫战失利，遂率红 25 军被迫向皖西北转移。后红 25 军被分割于鄂东北、皖西北两个地区，第五次反“围剿”斗争进入更为艰难的时期。

1934年4月，吴焕先改任红25军政治委员。7月至10月，打破了张学良的一百天“围剿”计划。11月，红25军开始长征，吴焕先等率部在粉碎敌人40多个团的围追堵截后，长驱千里进入陕南地区。12月初，红25军在洛南的庾家河与敌第60师激战，程子华、徐海东均负重伤，吴焕先英勇果敢指挥部队连续打退敌人多次冲锋，终使部队又一次转危为安，得以在陕南境内站住脚。

1935年1月，吴焕先率部攻克镇安县城，乘胜在鄂豫陕边创建新的革命根据地。3月，率部在华阳石塔寺附近设伏，歼敌200余人，乘胜开辟华阳革命根据地。4月，中共鄂豫陕省委在葛牌镇召开扩大会议，肯定了入陕4个月来的成绩，改选了省委，徐宝珊任书记，吴焕先任副书记。5月9日，徐宝珊因病逝世，吴焕先代理书记职务。

7月，为配合中央红军和红四方面军的北上行动，吴焕先毅然决定率领红25军西征北上。先后攻占两当、秦安县城，截断西兰公路。8月15日，红25军进驻回民地区兴隆镇，模范执行群众纪律，深受回族宗教人士和群众的拥护。8月21日，在甘肃省泾川县四坡村战斗中，吴焕先率部插入敌人侧后，猛烈反击敌人，不幸中弹牺牲，年仅28岁。

吴焕先在鄂豫皖边区的早期革命斗争中，在重建红25军和实现战略转移北上抗日的长征中，在创建鄂豫陕革命根据地的斗争中，都作出了卓越的贡献。他把一生献给了中华民族解放事业，我们将永远铭记他为争取民族独立洒下的满腔热血，为建立独立民主和平富强的新中国作出的突出贡献。我们要时刻以革命前辈和英雄模范为榜样，不忘初心、牢记使命，为实现中华民族伟大复兴的中国梦而努力奋斗。

01

破家革命“七相公”

童年时代

四角曹门是一座依山傍水的小山村，坐落在湖北省黄安县紫云区（今属河南省新县）境内。村子的背后是林木葱郁的起伏山峦，因其形状如一条头大尾扁的鲶鱼，故名鲶鱼山。村前阡陌纵横的稻田边上，有一条清水涟涟的河流，是长江支流中的倒水河。四五十户山里人家，大都依着山湾而居，因此当地也叫作湾子。这里就是本书的主人公吴焕先出生的地方。

1907 年 7 月 28 日，伴着仲夏之夜的阵阵蛙鸣，吴焕先降生在村子里的一户富足人家，发出了来到人间的第一声响亮的啼哭。

父亲吴维棣将青油灯端过来，照向这个刚出生的三儿子，只见他一双亮晶晶的眼睛十分可爱，不由得笑了起来。三叔吴维祯读过几年私塾，自认学问不浅，凑过来说："二哥，这孩子出世就大哭不止，哭声又这么响亮，长大了一定不是个安分之辈。"

吴维棣说："三弟，你的学问深，就给这伢起个名字吧。"

吴维祯想了想说："我看就叫安安吧，长大了好让他平安无事，安于本分，继承家业！"

吴维棣说："要得，这正合我的心意，还是三弟会起名字，你再给他起个学名吧。"

吴维祯又说："我侄儿相貌不凡，我看他长大了绝非等闲之辈，将来若能混个一官半职，也好替我们吴家光宗耀祖哇！学名我早已给他想好，就叫焕先吧。"

从吴焕先的太祖父起，吴家就是四角曹门村有名的大财主，拥有良田百亩。太祖父晚年患咳嗽病，因常抽鸦片止咳而上瘾，最后无钱买鸦片开始卖田地，死后只给儿子吴行仁留下三四十亩平畈稻田和 20 多亩旱地，还有好几头膘壮的大水牛。吴行仁有 3 个儿子：老大吴维干、老二吴维棣、老三吴维祯。辛亥革命那年，吴焕先才 4 岁，吴家三兄弟分了家，各自另立门户。父亲吴维棣分得 14 亩水地，8 亩旱地，一头耕牛和七八间房屋。吴维棣是个忠厚本分人，尽管没有老大老三分得多，但他已经很满足了。他勤劳，能吃苦，除了种好田地外，还在离村不远的竹林巷大路边开了一家小杂货铺子，经营毛烟、火柴、蜡烛、纸炮、香火等各种日用杂货。吴家弟兄三个算得上是四角曹门的三富户。

父亲吴维棣，字子华，前室戴氏因病去世，后续陈氏为妻。吴维棣有 5 个儿子：尚先、奉先、焕先、书先、济先。吴焕先为陈氏所生，排行第三。但在伯叔兄弟中间，焕先又排行老七，因此村里人都喊他“七相公”。这个“七相公”是属羊的，天生的一副相公模样，白白净净的圆脸庞，红红润润的厚嘴唇，一对十分秀气的眼睛，笑起来总是眯成一条缝儿，很是讨人喜欢。

吴焕先出身富户，但他从来没把自己看得高人一等，这与他父亲的忠厚、母亲的善良有关。他常常和穷人的孩子在一块玩，家里如果有什么好吃的，常拿来分给穷苦的小伙伴们。

1914 年春，吴维棣将二儿子奉先、三儿子焕先送到离村不远的朝阳寺私塾念书。

朝阳寺私塾教书先生姓方，是当地人，穿着朴素，态度温和，循循善诱，很受学生和家长的欢迎。方先生家过去也较富庶，但到他父辈就开始败落了。他常对学生们说："人富，则应善，切不可为富不仁。"他除教学生们《三字经》和练习写毛笔字，还常给他们讲《水浒传》和《三国演义》中的故事，他对《水浒传》里那些劫富济贫的英雄好汉赞不绝口。

吴焕先聪明好学，对方先生所讲的《三字经》及诗词歌赋能倒背如流，还喜欢提一些问题让方先生回答，有时竟然将方先生也难住了。

5 年的时光一晃而过。一天傍晚，方先生来到四角曹门村，对吴焕先的父亲吴维棣说："二东家，你的三儿子焕先我不能再教他了。"

吴维棣有些吃惊，以为三儿子惹方先生生气了，忙赔着笑脸说：“方先生，我家安安自小娇惯，是有些不听话，你千万不要计较，等他回来，我一定要好好教训他一顿！”

方先生忙说：“不不不，二东家，你家安安很听话，而且聪明过人，我是怕教不了他，误人子弟呀！”

吴维棣见方先生言辞真诚，便说：“我家安安常说你教书教得好，他很喜欢听你讲课哩！”

方先生拱拱手说：“哪里，哪里，我自愧书念得太少了，对那些天资聪明的孩子，我教他们启蒙课还可以，更深奥一些的文章就不行了。”

吴维棣将水烟袋里装上烟丝，连同火绳一起递给方先生，并说：“方先生不必过谦！”

方先生吧嗒、吧嗒了几口水烟，说：“大湾村的曹先生是位清末秀才，书教得好，你还是送焕先到大湾村去读书吧。”

就这样，吴焕先被送到了大湾村的私塾继续读书。

自从上学读书之后，吴焕先的心眼儿开了，说话口气也大起来了，时常跟同学们在河边夸口："嘿嘿，我要是长大了，等到河水猛涨的时候，就一头扎进水里，游过檀树岗和七里坪，直下黄安城……"

"哈哈，你还想游到长江边上去……打个扑腾不成？"同学们都在跟他逗着趣儿。

他不甘示弱地嘿嘿一笑："好男儿志在四方！你以为长江边有多远啊，也不过两三百里，要去就去得了。我要是考入省城中学，非在长江里打个扑腾不可！"

是啊，好男儿志在四方！他的抱负，他的志向，就在少年时代逐步养成。他一心想去武汉中学读书，将来好做一番事业。他那强烈的求知欲望，深受老师和同学们的钦佩。

就读麻城

可是，青少年时代的美好愿望，往往又难以实现，后来因为吴焕先家庭境况不佳，父亲所经营的杂货铺生意也不景气，拿不出足够的钱供他去武汉读书。吴焕先最后还是放弃了去长江边打个扑腾的少年梦想，转而步入一条切实可行的求学之路。

1923 年 7 月，吴焕先征得父亲的同意，带着三叔写给姑父戴雪舫的信，来到了七里坪。

戴雪舫是七里坪小学校的校长，他学识渊博、态度温和。吴焕先一来到这里便被这里的气氛感染，很快便与表兄戴克敏打得火热。在这里，他第一次听说俄国的十月革命，第一次听说中国共产党 1921 年在上海成立，也是第一次读到宣传新思想的刊物《新青年》和《向导》。他如饥似渴，百读不厌，希望从中寻求到救国救民的道理。

有一天，姑父戴雪舫把他叫到跟前，和蔼地问："焕先，今年的全省会考时间快到了，我看你私塾的功底不错，你愿意报考什么样的学校？"

吴焕先想了想说："我想学习农业，将来走振兴农桑的道路。"

戴雪舫笑着说："好，有志气，中国是一个农业国家，农兴则民富嘛！"

同年 8 月，吴焕先以优异的成绩考入湖北省

麻城蚕业学校，主修桑蚕专业。他希望通过养蚕，让家乡的人都过上好日子，都穿上绸缎衣服。

9月，吴焕先来到麻城蚕业学校报到。这个学校的学生大都是来自黄陂、黄安、麻城三县的农村青年，他们大都有着一腔热血，思想上不同程度地受到革命的影响。

吴焕先一方面刻苦学习，一方面积极参加学校的各种政治宣传活动。他同一些思想进步的青年学生一起，积极开展救国救民的宣传和组织工作。在此期间，他在学校马列研究组老师的指导下，阅读了《共产党宣言》《科学社会主义》《阶级斗争》《社会主义史》等革命书籍，并立志成为献身中国革命的一分子。

1924年春天，中国大地上爆发了一场席卷全国的大革命运动，这场革命运动的口号是“打倒列强，打倒（除）军阀”，以反对帝国主义侵略中国和推翻以北洋军阀为主的封建军阀在中国的统治为目标。这次革命是一场民族民主的大革命，在全国很多领域里掀起了斗争高潮。

5月7日，麻城县党的工作组和县各学校的

进步师生取得了联系，发起了一场反帝爱国的革命宣传活动。

蚕业学校和县第一高等小学、女子小学、模范小学等学校师生一起举行“五七国耻纪念日”活动。这天中午，各校师生列队出发，以乐队为前导，作环城游行宣传，贴标语，撒传单，高唱《国耻歌》：

高丽国，琉球岛，
与台湾，地不少，
可怜却被日本侵占了。
到今朝，乘我国势飘摇，
欧洲血战还未了，
又提出，灭国条……

学生们唱出的《国耻歌》悲切雄壮，一时间全城成千上万的居民和城郊农民奔走相告，纷纷围观并支持这次反帝爱国的游行示威活动。

吴焕先领着学生振臂高呼：

“打倒日本帝国主义！”

“打倒军阀卖国贼！”

“反对‘二十一条’！”

“誓雪国耻，保卫中华！”

这时，围观的市民群众愈发多了，吴焕先便跳到路边的一个板凳上，向群众一条条宣讲卖国贼袁世凯接受日本帝国主义强加给中国的“二十一条”的真相。讲完后他愤慨地说：“同胞们，父老乡亲们，这‘二十一条’是日本帝国主义要亡我国、灭我种的丧权辱国条约，是我国的一大耻辱！我们炎黄子孙要誓死反抗到底……”他越讲越激动，最后竟泪流满面，泣不成声。

听众们都被感动了，不断振臂高呼反帝爱国口号。

游行示威活动结束后，吴焕先的名字很快便在蚕业学校传开了，当晚就有十几个学生来找他攀谈，向他求教。

吴焕先和学校一些进步青年的反帝爱国革命宣传活动，引起了麻城县旧势力的仇视和反对。大土豪李舜卿的儿子李家豪伙同思想反动的校长在校内打击进步力量，阻挠师生参加革命活动。8月

20日夜晚，李家豪指使打手冲进学校马列研究组陈亚生老师的住室，将陈老师打得遍体鳞伤，并且将陈老师家里的革命书籍全部抄走。

第二天，团支部书记李光和吴焕先等人带领全校学生进行罢课，要求严惩殴打陈亚生的凶手。由于没有进行充分的准备，加上反动势力四处活动，运动中一些思想不坚定的学生动摇了，陆续回到了教室。

斗争失败了，李光被开除学籍。

吴焕先感到十分痛心，一连几天都在焦虑和失眠中度过。他恨不得自己变成一道闪电，将学校这层反动势力的网击得粉碎。

第二天早晨，他买了些水果和治伤的药看望陈亚生老师。

陈老师头上缠着绷带，脸上的青肿还未消退。他见吴焕先进来，立即高兴地说：“焕先，快请坐！”

吴焕先坐到陈老师的床沿上，气愤地说：“陈老师，我咽不下这口气，我还要找校长理论，在我们学校为什么会出现这样的强盗行为？校方不但不处理，还开除了李光，真是岂有此理！”

陈亚生抚着吴焕先的手说：“焕先，不要再去找他们了，这毫无作用，咱们宰相肚里能撑船嘛！你们在学校的时间不多了，应该以学习为主，多读书，多读一些进步书，这对你们非常有用。”他说着从枕头底下取出一张马克思的画像，递给吴焕先说：“这是去年我在武汉学习时董必武先生给我的，我送给你作个纪念吧，请你多读一点马克思的书。”

吴焕先早就想得到一张马克思的画像，他捧在手上，激动万分地说：“谢谢你，陈老师，我一定记住你的话，多读马克思的书！”

1925 年 1 月下旬，吴焕先放寒假回到箭厂河四角曹门村的家里。村民们正纷纷忙着置办年货，吴焕先家的杂货铺这几天也格外忙，他一回来，父亲就要他到杂货铺帮忙。

晚上，村里的几个穷伙伴听说吴焕先回来了，都来看他。

吴焕先心里十分高兴，拿出从麻城县带回的糖果和纸烟分给这些穷伙伴。

吴焕先对几个伙伴说：“往后大家都不要喊我‘七相公’了，就叫我吴焕先，我们都是兄弟，是一个田里长出的秧苗苗，今后我们要团结起来，拧成一股绳，同剥削阶级斗，同反动军阀斗！”

伙伴们听不懂什么叫军阀，什么叫剥削阶级，吴焕先都一一给他们作解释。

吴焕先还动手把家里供奉多年的“天地君亲师”的牌位撕了下来，恭恭敬敬地贴上马克思的像。母亲以为他从城里请回一尊观世音菩萨，不由在旁瞅了一眼，笑着问道：“安儿，这救苦救难的观世音……如今也变得洋里洋气的，都长了胡子咯？”

吴焕先笑而不语，也没加以解释。谁知父亲看到时，当下就火冒三丈，气哼哼地训斥说：“天哪！这是敬祖宗的地方，你把个洋人大胡子……怎敢贴在这里？你……你快给我拿下来！”说着，就一把将儿子搡到供桌跟前，非叫他撕下来不可。吴焕先一动不动地站着，把他所晓得的一些马克思主义的革命主张，对老父亲讲了一番。父亲似懂非懂地眨着两眼，还是骂个没完：

“你个不成器的东西！我花钱供你上学读书，将来好出息成人……可你不好好念书，闹腾什么革命？把个满脸大胡子的洋人，也给供到家里来了，当着祖宗敬哩！”

吴焕先晓得父亲在他身上所花费的心血，也不好拗着性子大吵大闹，于是把双手拱在父亲面前，摆出一副“膝下敬禀者”的姿态，恳切地解释说：“父亲大人！你供孩儿到城里上学，不得拜上个很有学问的老师吗！我就认定了这个好老师，拜在他的门下了，做他的一个弟子！而今这个世界上，只有听他的话，按照他的主张行事，方能做一番事业。要不，就会吃亏背时……”他指着面前的马克思像，紧接着又说：“这位大胡子老师，虽说是个外国人，可他很有学问，他的革命学说比起孔老夫子的封建礼教，灵应、管用多啦！而今，中国的许多有志人士，都在按照他的革命学说，改变吃人的旧世道……我们今天敬着他，因为他就是我们改变旧世道的观世音菩萨，有他就会得到救国济世的真理，创造出一个新世道来！”

一席话说得老父亲闭口无言，把个莫名其妙的洋人大胡子看了又看，瞧了又瞧。

“这……你就贴吧。”父亲看着三儿子，依然有些担心地说："安儿，你经常把'革命'挂在嘴上，这可不是闹着玩的。爹是过来人，早年箭厂河的罗福太、熊润生不就是带领穷人闹事，结果被县府的人抓去活埋了！你贴这大胡子老头的像可以，但不能领着穷人搞什么革命，你回来后就跟我好好学种田、学做生意，咱们能过个安闲日子就可以了。"

吴焕先搬了一把椅子让父亲坐下，说："爹，帝国主义要把咱中国变成他们的殖民地，要咱们世世代代给他们当奴隶，咱们能过安闲自在的日子吗？咱们家虽然不愁吃穿，但我们不能眼看着穷苦百姓挨饿受冻呀！穷人没有饭吃，我们能过安闲自在的日子吗？咱们只有照马克思说的话去做，国家才能独立，老百姓才能长久地过安闲自在的日子。"

父亲没有再说什么，坐在一旁一口接一口地抽起旱烟，浓浓的烟味呛得他直咳嗽。一会儿，他抬起头来，对吴焕先说："你去把对联贴了吧，三十晚上守岁，你到你三叔那里去坐坐。"

父亲虽然同意了三儿子贴马克思画像，但依然不放心，他担心三儿子会闹出什么事来，想让三儿子听听他三叔吴维祯的劝教。

吃罢了年夜饭，吴焕先并没有到他三叔家里去，而是坐在房间里读了一夜马克思的书。

破家革命

1925 年，吴焕先在学校加入了中国共产主义青年团。这年夏天，吴焕先从麻城蚕业学校毕业后，回到了箭厂河四角曹门村。

在此之前，他曾打算同几个要好的同学到广州报考黄埔军校，准备将来带兵打仗，为革命战死疆场也在所不惜！谁知此时他收到表兄戴克敏从汉口转来的一封信，信中说，五卅惨案以后，党组织在全国迅速发起了一场声势浩大的反对帝国主义的革命运动，革命浪潮很快从城市波及广大农村。当时在武汉领导革命运动的董必武先生，把一批在武汉读书的黄安、麻城两县的学生，都派回乡来，准备联合当地的革命知识分子，积极开展革命活动。

信上说他已同郑位三、曹学楷、戴继伦等黄安籍学生离开汉口，不日便可到达七里坪，望他接信后速到七里坪，共商革命大计。

吴焕先一回到家，全家人都很高兴。吴维棣笑着说："安安，听说你们那帮同学有好多还没有毕业就跑到武汉去了，我真担心你也跑了哩！回来就好了，就在家里好好干，莫要搞……"

没等父亲的话说完，吴焕先便接着说："爹，你放心，我是要在家里好好干一场，我还要请你和娘帮忙哩！"

这时，他三叔吴维祯捧个水烟袋进来了。吴焕先忙搬了一把椅子让他坐下。

"怎么样，安安，分在哪里做事了？"三叔问。

焕先说："三叔，侄儿毕业了也不会像大哥二哥那样老老实实种田，我是要干一件大事的。"

吴维祯抬起头来，不解地问："干什么大事？"

"带领穷苦百姓起来闹革命，抗捐抗租，与反动地主斗，与剥削穷人的土豪劣绅斗。比如像箭厂河的吴惠存、方晓亭，石岗的石子谦这样的大地主，都是斗争的对象。"

吴维祯觉得吴焕先的话越说越邪乎，他不敢再听下去了，霍地抬起头，气哼哼地说：“你这不是造反吗？你带着泥腿子跟富人斗，有你的好果子吃？我告诉你，你不要给我们家里添祸了！领穷人闹事的罗福太和熊润生是怎么死的你晓得吗？”吴维祯说完气呼呼地向门外走去。

吴维祯走后，父亲又发了一通脾气，还是不主张儿子带着穷人闹革命。

吴焕先从麻城回来的第三天，便赶到了七里坪。他在七里坪见到了姑父戴雪舫、表兄戴克敏和戴继伦。此时的戴克敏和戴继伦在武汉地区党的领导人董必武、陈潭秋的培养教育下，都加入了中国共产党。

戴雪舫还带来一个好消息：“武汉党组织来信，要在当地选派一名有文化、思想进步的革命青年到武汉青年研究所去学习，组织上决定让吴焕先去。”

一个月后，吴焕先离开了家乡四角曹门村，扛着行李到了武汉。他在武汉青年研究所里如饥似渴地学习，聆听董必武、陈潭秋等人深刻而精彩的讲课，进一步明白了许多革命的道理。不久，戴克敏和戴继伦也来到了武汉。1925 年冬的一个夜晚，在学生宿舍里，由戴克敏和戴继伦介绍，吴焕先加入了中国共产党。结业后，根据党的指示，吴焕先随同当时在武汉学习的曹学楷、陈文侯等回到家乡一带开展革命活动，发展和建立党的组织。

入党以后，吴焕先很快又回到四角曹门村，投身农民革命运动的历史潮流。这时，他已改变了学生的装束，脱下棉布长袍，解掉毛线围脖，剪去了乌黑油亮的长发，完全把自己收拾成一个农夫的模样，换上一身普通的粗布衣衫，赤脚片靸着一双草鞋，整天奔走在倒水河两岸的山湾村寨。田头、路边、树下都成了他与贫苦农民搭伴拉话的好地方。他所讲的革命道理，也是深入浅出，尽量与对方的身世处境有所联系，这样能够更好地激起感情上的交流，产生共鸣。

1926 年 3 月 18 日，吴焕先在四角曹门村主持召开了周围 10 多个村子 200 多名贫苦农民参加的群众大会。当场宣布成立箭厂河地区第一个农民协会，选举耿纪荣为农协会主席，吴先筹为秘书，组织委员是吴先申，土地委员、武装委员和妇女委员分别是吴先云、吴先恩和方志汉。接着，吴焕先宣读了协会的宗旨，他希望大家组织起来，打倒土豪劣绅，实行耕者有其田的政策，为穷人翻身求解放而斗争；要求农协会员注意发现积极分子，吸收群众入会。

吴焕先等共产党员还领导农民向地主阶级展开反剥削反压迫的斗争，发起了轰轰烈烈的抗捐、抗债、抗租、抗税、抗粿“五抗”运动。当地一些大大小小的土豪劣绅，都被吓得像掉了魂儿似的，惶惶不可终日。

当地有句俗语，叫“黄安北乡，一吴一方”。这一吴一方，就是郑边的吴惠存和方湾的方晓亭。吴、方两条地头蛇，也是黄安县最有权势而又作恶多端的大土豪、大恶霸。吴焕先亲自点名，首先刹住了这两家的威风，要吴惠存摆二十几桌酒席，宴请四乡农民，以示惩罚。对方晓亭所霸占的公田公产，也进行了清算，公开斗争了这个恶棍，并勒令他们完全废除对农民所实行的一切租、债、捐、税。初步兴起的反封建斗争，给封建地主有力的打击，大长了农民的志气！

就在这时，吴焕先又在自己家里“烧起一把火”，照亮了四角曹门村这一处山湾。他做通了父亲和两个哥哥的思想工作，亲自把几家佃户债户召到家里，当面讲道：“各位父老乡亲，你们都是我这个家的佃户债户，这些年也刮了你们不少血汗，剥夺了你们的劳动果实，我首先向诸位赔个不是，表示谢罪！从今以后，你们谁租我家的田地就归谁所有，实行耕者有其田，按共产党的主张办事，你们谁欠我家的租子、债款，再也不用交还，连本带利通通勾销，空口无凭，咱们今天就断个明白……”说着，就把10来张契约和借据，当场让佃户债户都仔细看过，然后划燃一根火柴，一把火烧了个干净！

大火燃尽后，他还亲切地向几位乡亲说：

“今天立下的这些规矩，都是共产党的主张。我们家里无论是谁，往后再要向各位收租逼债，大伙就联合起来，发动‘五抗’！到时候，我回来挑这个头，咱们一起反抗！”

向来比较温良文静的“七相公”吴焕先，这时在自己家里闹腾起来，烧毁契约、勾销债务。他大义凛然地革除封建剥削、焚烧契约的事，当下就在村里传开了。

然而，极端仇视农民革命运动的方晓亭，暗地里与吴惠存串通一气，由方晓亭出头露面，与土匪头子袁英勾结起来，派出连同方家的反动武装“红枪会”总共两百余人，杀气腾腾地直扑箭厂河、四角曹门村而来。

吴焕先这天外出做事，恰好不在村里，等到他闻讯赶回家时，首先看到的是方晓亭贴在村口的一张告示：

“捉住吴焕先，赏银洋三千！”

吴焕先回到家时，摆在他面前的是父亲吴维棣、大哥吴尚先、二哥吴奉先、五弟吴济先的尸体，血肉模糊，惨不忍睹。侧旁还停放着一具女尸，是溺水而死的大嫂。那个裹在襁褓里的吃奶婴儿，当时还没有从池塘里打捞出来……

这场突如其来的屠杀，吴焕先一家所遭受的灾难最惨最重。

大难过后，吴焕先一家只剩下母亲、四弟吴书先、二嫂和小侄女荣荣，躲过了匪徒的屠刀，免于一死。

鲜血淋淋的残酷现实，使吴焕先更加看清了反动地主阶级的狰狞面目，同时也认识到要想对付地主武装的反扑，就必须组建农民自己的武装，以革命的武装反对反革命的武装。哭，是不会感动土豪劣绅向农民发慈悲的；恨，就得拿出共产党人的斗争勇气，抓起革命的枪杆子，跟敌人拼个你死我活！

第二天，他就把箭厂河地区的党员和农民协会骨干召集起来，慷慨激昂地当众讲道："乡亲们，农友们，同志们！方晓亭向我们进攻了，这笔血海深仇，总有一天我们要叫他以血偿还！我吴焕先的身价不高，值不了'银洋三千'，但至少得拿几个方晓亭的狗头来换！我们跟着共产党闹革命，都是铁了心的，革命革到底，至死不回头！我们跟地主阶级撕破了面，发起了'五抗'，地主阶级也跟我们翻了脸，动起了刀枪！阶级斗争的盖子已经揭开了，一不做，二不休，革命就要革到底，你死我活拼到底！现在，我们就是要以眼还眼，以牙还牙，方晓亭以他的'红枪会'仗势欺人，我们也搞个革命的‘红枪会’，以红枪对红枪，跟土豪劣绅干一场！”

除恶惩奸

很快，吴焕先就着手建立自己的革命武装“三堂红学”。经他一发动，自愿参加“三堂红学”的热血青年就有 200 多人。有人就要有武器，在吴焕先的建议下，农民协会的会员有钱的出钱，有碎铁的捐碎铁，在吴焕先的家门口架起了 20 盘铁匠炉，打制鱼叉、大刀和长矛。不几日，200 多名“三堂红学”队员每人都打造了一件武器。

有了武装力量作后盾，旧历年关即将来临的时候，吴焕先趁机发动了一次“年关借粮”。一声令下，周围许多村子一齐行动起来，由各村的农协会挑头，身背箩筐，手拿口袋，肩头扛着大刀长矛，纷纷奔向地主家里“借粮”。几十户大地主见此情景，都乖乖地打开粮仓，哪敢说个“不”字。

农民们仅从大地主石子谦一家，就“借”得几百公斤粮食，大家无不拍手称快。人们都说：“往年过年，都是地主老财向穷人收租逼债，今年反向地主白手去‘借’……这个年过得热闹，红火！”

这时，箭厂河地区的农民运动，如雨后春笋似的蓬勃发展起来，先后建立了 97 个村的农协会，成员达到 3400 余人。在此基础上，很快也成立了箭厂河地区农民协会，吴焕先为负责人之一。这一时期，吴焕先等共产党员所领导的农民革命武装，以革命的暴力行动，接连干了两件轰动鄂豫边界的事：

一是惩治罪大恶极的吴惠存。1927 年 3 月，黄安县党团特别支部举行紧急会议，决定立刻动员各乡的农民，迅速行动起来，惩办一批有点权威的土豪劣绅。根据群众要求，吴焕先和黄安县农协会派来的王建决定惩办大地主吴惠存，以此来发动群众的革命斗争，刹一刹敌人的威风。当时研究决定，王建负责组织领导，吴焕先指挥“三堂红学”队伍，四下埋伏起来，把吴惠存的住处（药铺）团团围住。当时还物色了一个执行人，暗中带着绳子，捉拿吴惠存。这个人名叫汪中明，是个兽医，他跟吴惠存仇恨很大，但又怕惹出祸端，万一制服不了吴惠存，全家人的性命难保。为了打消他的顾虑，党组织决定戴继伦、吴焕先和郑位三3人担保汪家后事。

3月17日，由王建出面，以谈公事为名，领着汪中明去见吴惠存。两人事先商定了暗号，王建用手摸三把头发，汪中明即刻动手捉拿。谁知在跟吴惠存当面交谈时，王建接连摸了三把头发，汪却吓得目瞪口呆，直愣愣地站着，不敢动手。王建急得不行，就势扑上前去，用双手抱住了吴惠存，大声喊道:“大家快来打土豪呀!”吴的家人见此情景，也慌了手脚，纷纷呼喊搭救。就在这时，埋伏在大门外面的吴先筹等人，便一齐涌了进去，吼成一团。汪中明这才拿出绳子，动手将吴惠存捆住，押到街上的吴氏祠堂，公审了这个称霸一方的恶棍。

在押赴七里坪的途中，忽然听说吴惠存的亲信纠集了一帮人马，要拦路把人救回去。王建和吴焕先当机立断，决定将吴惠存就地处决，以除后患。王建手执一把锄头，猛地将吴惠存打倒在地，吴焕先的队伍也一拥而上，把吴惠存当场处死。

二是攻打缉私营盐卡。当地的石家庙有一个缉私营盐卡，平时搜刮民财，欺压百姓，人民群众对此恨之入骨。在惩办了吴惠存后不久的一天晚上，吴焕先带领百十名战斗骨干，手执大刀长矛，悄悄包围了匪兵驻地石家庙。天将亮时，他们趁着匪兵熟睡之机首先摸掉了岗哨，然后破门而入。12 个匪兵在睡梦中作了俘虏，缴获了几条长枪和几把大刀，彻底摧毁了这个无恶不作的卡子。

吴焕先所领导的“红学”队伍，又一次点燃起一团革命烈火，在鄂豫两省边界熊熊燃烧起来。这是农民革命运动新的开端，新的起点，新的希望之光！武装斗争的序幕，从此在鄂豫皖边境拉开了。

02 黄麻起义任委员

率部参加黄麻起义

“四·一二”反革命政变后，以蒋介石为代表的国民党右派大肆屠杀共产党人和革命群众，革命形势急转直下。为了防备地主武装的反扑，吴焕先根据上级有关成立脱产的农民自卫武装的指示精神，对红学队伍进行了整顿，从中挑选了100多人，编成一支半脱产的常备农民自卫军。吴焕先担任总指挥，石生财为副总指挥。与此同时，吴焕先还在程湾主持召开了反蒋声讨大会，动员农民和学生们一齐行动起来，打倒新军阀蒋介石。会后，他又主持成立了箭厂河地区的防务委员会，制定了几条应变措施，以防敌人的反扑。

事情果然不出所料。1927 年 5 月，河南光山边界的陈二辉率领反动武装数千人，大举向箭厂河地区进犯。他们一路杀气腾腾，沿途焚烧了 10 多个村子，到处抢劫耕牛财物。霎时间，大有一举摧毁箭厂河之势。

在此危急时刻，吴焕先等人以农民自卫军为骨干，发动和组织了紫云区 5 个乡的农民义勇队，总共 3000 余人，手执大刀长矛、锄头棍棒、竹竿铁叉，就在箭厂河西面不远的木城寨抗击进犯之敌。吴焕先把他的指挥部扎在木城寨，抬来几门土炮，装上铁砂火药，朝来犯者进行轰击。防守在各处的农民义勇队，每人都提前制作了几个“石灰罐子”，等到敌人发起冲锋时，只要听到炮响，就劈头盖脸地甩出去。顿时腾起团团烟雾，迷得敌人睁不开眼睛，只得胡乱地开了一气枪，然后抱头鼠窜。就这样打退了敌人的两次进攻。吴焕先亲自带领这支队伍，趁夜插入敌后，放火烧了几处麦草垛子，这才迫使敌人退去，暂时稳住局势。

等到敌人又一次卷土重来时，吴行忠从麻城搬来援兵——湖北省警备团的一个连队正好及时赶

到，立即投入战斗。两天以后，终将陈二辉的数千人打退。吴焕先带领农民自卫军百余人，乘机发起反击，直捣陈二辉的老巢，夺回大批耕牛和财物。木城寨反击战经过七昼夜苦战，终于取得了决定性胜利。

8 月 7 日，中共中央在汉口召开紧急会议（八七会议），批判和纠正了陈独秀机会主义错误，确定了实行土地革命和武装起义的方针，决定在湘、鄂、粤、赣四省农民运动基础较好的地区举行秋收起义。

中共湖北省委根据八七会议决议，制订了湖北地区秋收暴动计划。9 月中旬，中共黄安县委书记郑位三从汉口赶回七里坪，立即找到在黄安北部坚持农运工作的曹学楷、戴克敏和吴焕先，在七里坪文昌宫召开会议，传达八七会议精神和省委指示。郑位三说，省委的计划是：第一步，建立各区起义指挥机关，组织秘密武装，恢复农民的组织和斗争勇气；第二步，进一步没收大、中地主的土地，镇压一批罪大恶极的土豪劣绅，建立革命政权和工农革命军，在条件成熟时，组织力量对黄安城进行暴动。

会议之后，吴焕先作为中共黄安县委委员、箭厂河区委书记立即回到箭厂河，在长冲召开了万人暴动大会。各地义勇队和农民齐集长冲，箭厂河农民几乎全数参加了这次暴动大会。会后，农民举行了声势浩大的游行示威，四处捕捉土豪劣绅。吴焕先看到农民运动的声势如此之大，对夺取黄安城的暴动充满了信心。

11月3日，中共鄂东特委在七里坪召开了黄安、麻城两县党的活动分子会议，决定以黄安七里坪、紫云区（箭厂河）以及麻城乘马、顺河等地的农民武装为骨干，举行武装暴动，攻占黄安县城。会议产生了总指挥部，由潘忠汝、吴光浩、吴焕先、戴季英、曹学楷、刘文蔚等组成，潘忠汝任总指挥。吴光浩，黄埔军校三期毕业，湖北黄陂县三合店蔡吴湾人。

会后，吴焕先又立即返回箭厂河，积极筹划起义前的各项准备工作。他一方面深入发动党员和农协会骨干，宣传党的武装夺取政权、实行土地革命的方针；另一方面把以农民自卫军为骨干的和参加木城寨反击战的3000多名农民赤卫军，按照班、排、连、营、团的组织建制，抓紧进行了整编，积极展开军事训练。与此同时，又架起几十座铁匠炉，昼夜不停地赶制火枪土炮、大刀长矛等武器，进一步武装起义队伍。妇女们也飞针走线，为农民起义军刺绣战旗，缝制标志起义的“赤化带子”。紫云区境内的乡镇村寨，像大海一般澎湃起来，像烈火似的燃烧起来。每一处山湾里，都响起了战斗的口号：

“实行武装暴动！拥护土地革命！”

“暴动！不打不能安身！”

“现在是劳农世界，杀尽土豪劣绅，没收其土地与财产。”

“暴动！武装夺取县城，建立革命政府！”

11月10日，武装起义的时刻来到了，黄安县城以北20多公里的七里坪，聚集了两万多农民起义队伍。按照总指挥部的命令，以黄麻两县农民自卫军以及七里坪、紫云区等千余精锐农民义勇队，联合组成攻城部队，于13日晚奔袭黄安县城。14日晨，一举攻入城内，全歼守军，活捉县长贺守忠等反动官吏数十人。暴动成功了，起义胜利了！古老的黄安城头，庄严地升起了革命的红旗，人们无不欢欣鼓舞。18 日，成立了黄安县工农革命政府，曹学楷当选政府主席。

这天，鄂东特委根据党中央和湖北省委的指示，将黄麻两县农民自卫军改编为工农革命军鄂东军，共 300 余人。鄂东军下辖第 1、第 2 路军。任命潘忠汝为鄂东军总指挥兼第 1 路军司令，吴光浩为副总指挥兼第 2 路军司令，汪奠川为参谋长，戴克敏为军党代表兼第 1 路军党代表，刘文蔚为第 2 路军党代表。

吴焕先当选中共黄安县委委员兼箭厂河区委书记。他决定回到箭厂河地区继续发动群众，开辟柴山堡革命根据地。

12 月 5 日，鄂东军与敌 12 军一个师浴血奋战，终因寡不敌众，伤亡严重，最后不得不退出县城。总指挥潘忠汝壮烈牺牲，中共黄安县委书记王志仁也献出了宝贵生命。21 天后，刚刚获得新生的黄安县城，又陷入敌手。

12 月下旬，中共鄂东特委和工农革命军的几位领导同志，都先后来到箭厂河附近的木城寨，举行了一次紧急会议，决定留下少数人就地坚持斗争，将鄂东军剩余人员转移至黄陂县境内的木兰山区，继续开展游击斗争。

12 月底，鄂东军副总指挥吴光浩在闵家祠堂集合了 72 人，携带 50 余支长短枪，于 29 日转入木兰山打游击。这支队伍随后改编为工农革命军第 7 军，军长吴光浩，党代表戴克敏，参谋长汪奠川。

此时的吴焕先被留在箭厂河地区，就地坚持革命斗争。他和吴先筹、石生财等人一起，分头活动于附近山村，秘密召开党的会议，号召党员们在敌人的进攻面前，要“注意保存革命力量，坚持斗争，不当叛徒”。他把一些留下来的骨干分子大都分散到山里去，坚持游击活动。

不久，敌 12 军一个营的兵力，占领了黄安北乡的七里坪、檀树岗、箭厂河，数以千计的共产党员、农协会员和人民群众惨遭杀害。逃亡在外的大恶霸方晓亭，这时又带着一班护兵回到箭厂河，伙同吴惠存的儿子搞了个“清乡团”，三天两头骚扰四角曹门村，搜捕革命群众。共产党员程如香、毛国兴等人，被方匪处以极刑，先后壮烈牺牲。与吴焕先情同手足的吴先恩一家，除了母亲和大哥逃往外地，全家五六口都被敌人杀害。吴焕先和他的母亲，都成了敌人通缉捉拿的主要对象。四五十户人家的四角曹门村，被敌人糟蹋得不成样子，乡亲们大都扶老携幼地逃难去了。

坚持武装斗争

1927 年年底，吴焕先、吴先筹、石生财等人把他们的活动区域，转移到箭厂河以西的柴山堡地区。柴山堡地处河南光山边界，即现在的新县陈店一带，与箭厂河只有一岭之隔。吴焕先通过王志仁的弟弟王志斋，就近从事秘密活动，先在王湾发展了几个党员。随后又在胡湾、陈湾、大吴家等村子，建立了党的组织。这一切，都为后来开辟柴山堡地区，建立鄂豫边的第一块革命根据地打下了基础。

1928 年春，吴焕先写了一封关于如何建立柴山堡根据地的信，派石生财送往木兰山，与工农革命军第 7 军领导人吴光浩等人取得联系，让他们把革命军拉到柴山堡一带活动。

4 月，鄂豫边形势发生了新的变化。盘踞在黄麻地区的敌 12 军教导师，与桂系 18 军发生冲突，该师奉命撤回河南，鄂豫边界暂时成为军阀割据的空隙地带。这时，戴克敏率领的工农革命军的一个大队，趁机从木兰山转回到黄麻老区，于 4 月 7 日歼灭了紫云区上戴家“清乡团”，缴枪 20 余支。檀树岗团匪也闻风逃窜。接着，工农革命军第 7 军全部返回黄安北乡，吴光浩和曹学楷也回来了。就地坚持斗争的吴焕先等同志，立即领导群众配合工农革命军，向土豪劣绅“清乡团”发起了新的进攻，革命斗争烈火很快又燃烧起来。

从此，黄麻地区的一支弱小的农民革命队伍，走上了“工农武装割据”的道路，把土地革命、武装斗争和政权建设三者紧密地结合起来。这对于后来创建鄂豫皖根据地，起到了极为重要的作用。

7月，工农革命军第7军根据上级指示精神，改编为红军第11军第31师，这是鄂豫皖苏区第一支红军部队。全师共120余人，分编为4个大队，对外称91、92、93、94团，吴光浩任军长兼师长。跟吴焕先休戚与共的吴先筹，这时也参加了红军队伍，担任第3大队的党代表。这一时期，吴焕先为紫云区委书记，负责恢复和开辟箭厂河地区的工作。

箭厂河一带的革命形势，又逐渐好转起来，局势稳定多了，外出逃难的几千群众，相继返回家园。

1929年4月初，党中央派来郭述申、许继慎、曹大骏、熊受暄等同志，相继来到了箭厂河，担任党和红军领导职务，带来了党中央的新的战略部署。

5月初，吴光浩去商南领导起义，途经麻城滕家堡时被反动地主武装杀害。吴光浩牺牲不久，党中央又派来了徐向前和桂步蟾。6月初的一天中午，大别山还是收麦的季节，鄂东北书记徐朋人和吴焕先来到箭厂河普济寺迎接徐向前和桂步蟾。

4个人一见面，吴焕先握着徐向前的手说：“早就听说过你这位军旅名将了，可就是无缘见面，你这一来就好了，咱们的兵又有人带了。”

徐向前不解地问：“怎么，兵没人带？来此之前就听说你们这里红7军的军长是吴光浩同志，他是我的黄埔同学，现在怎么样了？”

徐朋人看了一眼徐向前，用低沉的声音说：“吴光浩同志前不久在商南参加武装起义途中，遭到反动民团的袭击壮烈牺牲了。光浩同志在当地和红军中的威信很高，怕影响部队和群众的情绪，我们还没有把他牺牲的消息公布。你来了就好了，先去担任我们红31师领导工作，你看怎么样？”

徐向前沉痛地说：“光浩同志走得太早了，这真是我党我军的重大损失。”他顿了一下又说：“我初来这里，情况不熟悉，就怕带不好兵。”

徐朋人抢前一步，大声说：“向前同志，你这位黄埔军校的高才生，参加过北伐战争，又担任过红4师师长，既有军事理论又有战争经验，我们是求之不得呀！”

徐向前刚来不久，就遇到敌人的第一次“会

剿”。他很快就去了柴山堡，担任红31师的领导工作。6月下旬，北路敌人暂编第2旅1个营，纠集光山反动“红枪会”数千匪众，已进占白沙关等地，直扑柴山堡而来。这时，吴焕先也带领千余农民赤卫军，和徐朋人、曹学楷、徐宝珊等人一起，从箭厂河赶到柴山堡地区，配合红军队伍作战。在徐向前的指挥下，首先向北路之敌进行反击，连续五战，大胜三次，毙敌营长以下百余人，活捉了反动“红枪会”头子戴五爷。北路进犯之敌狼狈溃逃。南路之敌广西军阀罗霖率领的独立第4旅两个团，一见情势不妙，慌忙也掉头退去。至此，敌人第一次“会剿”即被粉碎，柴山堡根据地又向北扩展开来，并得到进一步巩固。

八九月间，徐向前又采取“与敌周旋、避强击弱”的作战方针，指挥部队粉碎了“鄂豫会剿”，把蒋介石命令刘峙组织的湖北、河南两省“进剿”部队拖得半死不活，只得草草收兵。

10月，国民党军徐源泉部第48师、夏斗寅部第13师两面夹攻，企图消灭红军于天台山区，被称为“徐夏会剿”。徐向前率红军与敌周旋，趁敌一个空隙，跳出包围。然后兵分三路向外出击，在长岭岗、柿子树店、姚家集、河口镇等地，先后消灭和击溃敌 4 个民团，缴枪 100 多支。红军声威大震，驻黄陂六指店的国民党正规军一个连投降红军。

红军在粉碎国民党军三次“会剿”作战中，迅速壮大了自己的队伍。从 4 个大队不足 300 人扩大为 5 个大队 700 多人。

随着红 31 师、红 32 师和鄂豫边革命根据地的发展，红 33 师和皖西革命根据地的创建，到 1930 年春天，鄂豫皖边界的革命斗争日益高涨。

为了加强鄂豫皖边革命根据地的统一领导和武装斗争，中共鄂豫皖边区特别区委员会正式成立，郭述申为特委书记，吴焕先当选特委委员，并兼任黄安县委书记等职务。根据中共中央的决定，将红 31、红 32、红 33 师合编为中国工农红军第 1 军，许继慎任军长，曹大骏任政治委员，徐向前任副军长。原红 31、红 32、红 33 师，依次改编为第 1、第 2、第 3 师。全军共 2100 余人。

11 月下旬，曾中生受中共中央委派到达鄂豫皖革命根据地，担任特委书记兼军委会主席。根据中央1930年10月18日指示精神，决定将长江以北的蕲春、黄梅、广济等地划归鄂豫皖苏区。红15军于1930年10月成立后，即在军长蔡申熙等率领下，经由英山、罗田县境北上，经过两个月的艰苦转战，终于到达黄麻地区。1930年12月至1931年1月，红军和鄂豫皖根据地军民，取得了第一次反“围剿”的胜利，毙伤俘敌5000余人，缴枪3000余支。

1931年1月，红1军与红15军于商南长竹园会师后，随即开往麻城县福田河，根据中共中央的决定，合编为中国工农红军第4军。以党中央派来的旷继勋、余笃三担任军长和政治委员，徐向前任参谋长，曹大骏任政治部主任。红4军下辖两个师，蔡申熙任第10师师长，许继慎任第11师师长，全军共1.25万余人。

随后，红4军出击平汉线，接连打了两个大胜仗，一是在李家寨火车站截击一列兵车，歼敌新编第12师一个旅，毙敌旅长侯镇华，缴获大批军火物资；二是在双桥镇全歼敌第34师，毙敌

1000 多人，俘敌师长岳维峻以下 5000 余人。双桥镇大捷，壮大了红军的声威，根据地内部一片欢腾，到处都掀起慰劳红军、参加红军的热潮。

就在这时候，领导找吴焕先谈话，调他到红 4 军第 12 师担任政治部主任。在去第 12 师报到前，吴焕先在母亲的坚持下，与曹学楷的堂妹曹干先举办了婚礼。

婚礼仪式就在马克思像前举行。不用拱手作揖，不用磕头跪拜，也不用执事者说什么吉祥祝词，夫妻双方只向马克思像行了三鞠躬。接着，吴焕先把母亲请到当面，两人给母亲深深地鞠了一躬。随后，两人给乡亲们也鞠了几躬，婚礼就算结束了。

夜已深，一对与红烛相依为伴的新婚夫妇的喃喃细语，饱含切切情意：

“……从今以后，你就是这个家里的人儿，第一是当儿子，第二是做媳妇。耕田种地，料理家务，还有我的老母……都得靠你承担了。家里的担子不轻咧！”

“我哥哥给我讲过，共产党员都有两个家：一个大家，一个小家。为了大家，难得顾上小家，顾了小家，就会忘了大家。你在外为好大家，我在屋里看好小家……”

新婚的日子是甜蜜的，也是短暂的。就在他们举行婚礼的同时，敌人调集了十几个师的兵力，对鄂豫皖苏区发起了第二次“围剿”。4月20日，即新婚后的第5天，吴焕先就随同红4军主力一起，到皖西去与新改编的第12师会合，担任政治部主任。从此以后，开始了他戎马倥偬的军旅生涯……

鄂豫皖苏区反“围剿”

吴焕先所在的红4军第12师，当时留在皖西境内，驻兵霍邱县叶家集，一边扩充兵员进行整训，一边坚持武装斗争。

第12师师长许继慎，是黄埔军校一期毕业生，在北伐战争中担任过叶挺独立团的营长和第

72 团团长，有丰富的作战经验和较高的军事才能。当特委任命吴焕先为第 12 师政治部主任时，他心里十分高兴，希望能和这位能征善战的红军骁将一道作战，从他身上学到一些作战经验。

吴焕先赶到第 12 师时，许继慎和政委庞永俊立即迎了出来。许继慎紧紧握住吴焕先的手说："欢迎你焕先同志，有你同庞政委一道做我们的政治工作，我们第 12 师就会成为红'铁师'了！"

吴焕先也激动地说："我也很想跟着你学习打仗，还要请你多指教！"

许继慎说："不要谦虚嘛，你虽然年轻，却是鄂豫皖苏区的创建人之一，资格很老嘛！"许继慎的话说得吴焕先和庞永俊都笑了起来。

1931 年 5 月上旬的一天中午，第 12 师在金寨与小股敌人遭遇后，歼敌 1 个营，准备就地埋锅做饭，忽然接到通讯兵的报告：红军主力已赶到金寨北面的江店。大家闻讯后十分高兴，顾不上吃饭就又忙碌起来。

5 月 12 日，中共中央分局在新集召开会议。会议决定撤销中共鄂豫皖边特委，成立中共中央鄂豫皖分局和新的鄂豫皖革命军事委员会。张国焘任中央分局书记兼军委主席，曾中生、旷继勋为军委副主席，徐向前、郑行瑞、沈泽民、陈昌浩任委员。同时成立中共鄂豫皖省委，沈泽民兼任书记。

10 月 25 日，根据中共鄂豫皖中央分局和军委会的决定，中国工农红军第 25 军在皖西六安麻埠正式成立，军长旷继勋，政治委员王平章。下辖第 73、第 74、第 75 师。红 4 军第 12 师编入红 25 军建制，为第 73 师，师长刘英，政治委员吴焕先。第 74、第 75 师正在筹建中。

11 月 7 日，中国工农红军第四方面军在黄安县七里坪宣告成立。方面军总指挥徐向前，政治委员陈昌浩，政治部主任刘士奇。下辖红 4 军和红 25 军，总兵力近 3 万人。从此，红 25 军在红四方面军的编成内，投入新的反“围剿”斗争。

此后，红四方面军先后发起黄安、商（城）潢（川）、苏家埠和潢（川）光（山）等4次战役，都取得了胜利。4 次战役，共歼敌 6 万余人，其中成建制被歼的敌正规部队将近 40 个团。红四方面军总兵力达到 4.5 万余人。另外，各县独立团、游击队和赤卫军等地方武装，也发展到20万人以上。鄂豫皖革命根据地东起舒城，西迄平汉铁路，北达潢川、固始，南至黄梅、广济，总面积已达到4万余平方公里，人口约350万，拥有黄安、商城、霍邱、英山、罗田、广济6座县城，建立了26个县的革命政权。以大别山脉为依托的鄂豫皖革命根据地，呈现出蓬勃发展的极盛局面。

但是，这时的张国焘集党、政、军权力于一身，开始贯彻王明"左"倾教条主义错误，并以"肃反"为名，开展了一系列排斥异己的活动。

原鄂豫皖特委书记兼军委主席曾中生首先遭到打击陷害，以"反抗中央分局""重复立三路线""纵容反革命分子活动"等罪名，被撤掉红4军政治委员职务，排斥于领导核心之外。原红1军军长、红4军31师师长许继慎，也被以"反革命"罪名逮捕杀害。原领导过黄麻起义并在党和红军的初创时期担任过重要领导职务的徐朋人、戴克敏、曹学楷等同志，都被加以莫须有的罪名而惨遭杀害。

这一时期，吴焕先随同方面军总部一起行动。

他目睹了张国焘等人的“肃反”罪行，看到许多共同战斗的战友蒙冤惨死，表示了自己的不满，也险些遭到“肃反”。因此，他也只能谨言慎行。1932年1月，他在新集参加了中共鄂豫皖省委成立大会，当选省委委员。

1932年6月，国民党军向红军发动了第四次“围剿”。蒋介石亲自担任鄂豫皖三省“剿匪”总司令，兵分左、中、右三路，除以左路军攻击湘鄂西红军外，中、右两路军共调集了24个师又6个旅计30万人，另加4个航空队，压向大别山区。敌人采取的战术是：“纵深配备，并列前进，步步为营，边进边剿。”同时还提出“三分军事、七分政治”的反动口号，动员组织外逃土豪劣绅“回乡执政”，配合其军事行动。由于敌人兵力强大，并且做了充分准备，战术上也有了改变，红四方面军从一开始就陷入被动的局面，在麻城、黄安、七里坪、冯寿二等地，接连苦战几个月，虽然歼敌近万人，但难以粉碎敌人的重兵合击。红军伤亡惨重，处境十分艰难。

这时，徐向前等同志鉴于敌人正在平汉铁路

沿线加紧“围剿”部署，红军经过七八个月的连续作战，部队已十分疲惫，建议分局暂时停止进攻作战，将主力集结于适当地区休整待机，以对付敌之“围剿”。但在7月初召开的夏店会议上，这个正确的建议再次被张国焘否定，仍坚持要红军实施不停的进攻战略。结果，红军不停地进攻，伤亡日益增多。

8月，吴焕先调任红四方面军政治部主任。8月13日，黄安县城失陷。吴焕先对于有关分局召开的夏店会议、军事行动方针的意见分歧，心里是十分清楚的。

8月底至9月初，红四方面军两个师于扶山寨、四面山、金兰山等地，与敌陈继承纵队激战5天，毙伤敌5000余人，迫使敌军转攻为守。就在这时，卫立煌纵队和张钫纵队则由南、北两面，向新集步步推进，企图与西面的陈继承纵队构成三面合围之势，将红军聚歼于扶山寨地区。

9月6日，红四方面军主力不得不撤出新集，向皖西根据地转移。分局、省委和省苏维埃政府等领导机关，全都实行了“大搬家”，随同红军主力东去皖西。9月9日，鄂豫皖苏区首府新集被敌人占领。

红四方面军在临撤离鄂豫皖苏区前，张国焘把徐宝珊和吴焕先叫到当面，仓促宣布决定成立鄂东北道委和游击总司令部，正式任命徐宝珊为道委书记，吴焕先担任游击总司令，留守鄂豫皖中心区坚持武装斗争。

此时的张国焘脸色尽管很难看，但一扫过去那种唯我独尊、盛气凌人的架势，声音低沉地对徐宝珊和吴焕先说："决定让你们两个留下来，是因为你们都是当地人，对当地情况比较熟悉，又有根据地斗争经验，特别是吴焕先同志，很擅长游击战术，所以就让他担任游击总司令。"

鄂东北道委和游击总司令部，名为两个机构，实际上都是空架子，方面军撤离时只留下300元活动经费，就两个单枪匹马的领导人及其警卫人员。为此，吴焕先建议留下一些部队，借以巩固鄂东北根据地，张国焘当时没有同意，并把一些地方部队也编入主力红军带走了。

03 临危受命挑重担

担任游击总司令

鄂东北地区是黄麻起义的发源地，它可瞰制武汉、信阳、潢川，威胁平汉铁路，是鄂豫皖革命根据地的中心区域，也是敌人“围剿”的重点地区之一。

吴焕先就在此危急时刻，被推上鄂东敌后游击战争的历史舞台。他一个光杆司令，当时又是怎样组建游击总司令部，独当一面支撑起鄂东北这一块天地的呢？当时在鄂东北游击总司令部工作，后任中央军委副主席的刘华清，根据自己的亲身经历，对吴焕先就任鄂东北游击总司令后的所作所为，总结归纳了这样“几件具有决定性的大事”：

一是统一了思想，要求根据地党政军民紧密团结在一起，坚持对敌斗争；二是健全和恢复了各级党政组织，及时稳定和改变了当时所呈现出的混乱状况，加强了各地的核心领导；三是整顿和扩充了地方武装，把大部队转移时埋藏的一批武器弹药挖了出来，武装了群众，广泛开展游击战争。总而言之，他认为吴焕先就任游击总司令后，“使鄂东北地区的革命斗争有了正确和坚强的领导！”

当时，鄂东北的地方武装大部分都编入主力红军，所留下的只有分散于各县的独立团、独立营、游击队，只有很少一部分。在此基础上，吴焕先首先将红安、罗山两个不足千人的独立团扩编为两个独立师，总兵力近3000人。随后，又将麻城、光山、河口、陂安南、陂孝北等地的独立团和游击队，编为5个游击师，共4000余人，各区、乡、村普遍都建立了游击队和赤卫军。2个独立师和5个游击师，都按照划定的活动区域，就地坚持武装斗争。在方面军主力转战豫东南和皖西期间，活动于鄂豫边各地的地方武装，积极开展群众性的游击战争，经常于夜晚隐蔽出击，破坏敌人交通，骚扰敌军据点营地，弄得敌人防不胜防、四处告急。

9月29日，敌第13师在由宣化店开赴七里坪的途中，被罗山独立师和仙居区赤卫军阻击在邓家桥之大包山，激战一日，也没能顺利通过，不得不绕道前进。禹王城一带之赤卫军战斗连，先后又在翻叉岭和坞子铺等地伏击该敌，缴获机枪6挺、步枪数十支。时隔不久，该敌在杨家冲一带又遭到河口游击师的沉重打击，死伤300余人。这样，吴焕先指挥红军留守部队，在方面军主力东去之后，仍然保持了鄂东北根据地敌占城镇、我占广大乡村的局面。

10月8日，红四方面军刚由皖西返回，抵达红安以西河口地区即与敌第1师师长胡宗南所率领的该师4个团和第88师1个旅（两团）遭遇。9日又与敌第2师激战。红军勇猛向敌攻击，两仗共歼敌3000余人。吴焕先听到这个消息，就和徐宝珊一起，赶到河口以北的黄柴畈汇报请示工作。10月10日晚，张国焘在黄柴畈召开了紧急会议，研究方面军的行动方针问题。参加会议的有张国焘、陈昌浩、沈泽民、徐向前、王平章、徐宝珊、吴焕先等人。鉴于当时形势严峻，红军在内线作战已十分困难，因此决定红军主力转到外线作战，暂时到平汉铁路以西活动，借以调动和歼灭敌人，伺机打回根据地。会后，分局和方面军总部即率领第 10、第 11、第 12、第 73 师和少共国际团，总共 2 万余人，于 12 日越过平汉铁路西去……

这时，中共鄂豫皖省委的主要领导成员，除郭述申留在皖西以外，沈泽民、王平章、郑位三、成仿吾、徐宝珊、高敬亭、戴季英、吴焕先均留在鄂东北地区，统由省委书记沈泽民负责，领导根据地军民坚持斗争。而留在鄂东北、皖西北两地的部队，也只有红 25 军第 75 师第 223、第 224 团，军特务营和第 27 师第 79、第 80、第 81 团。分散于各地的地方游击武装，总共也不过万余人。此外，还留有数以千计的红军伤病人员。

红军主力转出外线之后，根据地的斗争形势极为严峻。敌人仍以 15 个师又 2 个旅 20 万重兵，加上地方反动民团、保安队、“铲共”义勇队数万余人，对根据地实行残酷“清剿”。仅在红安县境内，就有近 10 万群众被敌人屠杀，到处都是尸骨累累的“百人井”“千人坑”“万人冢”。敌第 12 师在金寨县附近的柳树湾，一次就屠杀、活埋群众 3500 多人；他们在六安县上楼房杀害共产党员和革命群众 1200 多人后，割了 7 担烈士的耳朵去邀功请赏。敌人还在新县的箭厂河、陈店及卡房一带，制造了 80 公里无人区。

在敌人的疯狂进攻和摧残破坏下，根据地大片大片地丧失了，剩下八九个区的乡村根据地，大都被敌人切成了碎块，犬牙交错，七零八落，一个令人焦急又痛心的局面。

许多人惊恐不安，思想上和行动上都十分混乱。吴焕先沿途见到不少红军伤员，伤势早已痊愈，就是不肯归入地方部队，非要等到方面军主力回来不可。

“同志们，红 25 军真的完蛋了吗？没有完蛋，也不会完蛋！”吴焕先对这些同志讲道：“旷继勋军长负伤了，蔡申熙军长也牺牲了，王平章政委还在哪！军部是没有了，军部特务营还在，这个特务营的战斗力，顶得上一个主力团！73 师走了，74 师编散了，75 师还在，留下两个团咧！224 团为了掩护方面军主力行动，留在皖西根据地了，223 团就留在红安地区，跟军部特务营合在一起，接连打了四五个小胜仗，最近都转移到了檀树岗。谁说红 25 军完蛋了，我看没有完嘛！”几句实实在在的话，把红 25 军的来龙去脉讲得一清二楚，也很令人信服。

当场就有好几个伤病员亮了相，说他们就是第 73 师的，都表示愿意及早归队，即使本部队暂时回不来，他们也肯归入留下的第 75 师，好上前线杀敌人！

11 月 12 日，中共鄂豫皖省委在黄安长冲召开了扩大会议。会上有些同志对红军主力撤走，鄂豫皖根据地的斗争能否坚持下去表现出消极情绪，吴焕先根据这种情况，说出了自己的看法。他说：“方面军主力一走，看来是不会再回来了，我们不能依靠和等待他们回来。我们要继续斗争，依靠我们现有的红军、游击队、赤卫军和群众的力量，运用巧妙的战术，发挥我们对本地区人情熟、地形熟的优势，扎根于群众之中，利用山高林密、道路狭窄、交通不便的条件与敌人周旋。只有这样，我们才能粉碎敌人的进攻，保卫苏区，保卫人民的生命财产。”

省委书记沈泽民很赞同吴焕先的看法。

会后，吴焕先带领游击总司令部特务营，深入仙居顶以西地区，一方面开展游击战争，一方面探听方面军主力的行动消息。当时留在卡房、仙居一带养伤的红军伤病员听说吴焕先带着游击队过来了，纷纷来找吴焕先，要他带领他们去追赶主力红军。吴焕先说：“主力红军暂时不会回来，你们这些伤愈的同志就加入鄂东北游击队，跟着我打游击。”一个大个子战士说：“我是主力部队的，不干地方游击队！”吴焕先说：“地方游击队怎么了？一样的打敌人嘛，等我们游击队壮大了，番号一改，不又是主力部队了！”

吴焕先的话说得大家都笑了起来。

一个蓄着满脸胡子，左腿还缠着绷带的人一瘸一拐地走过来说：“方面军主力走了，政治部主任还跟我们在一起嘛，我们跟着吴主任干保证没错！黄麻起义时，我就是吴主任的兵，如果没有当年吴主任带领的农民赤卫军，哪有今天的主力红军呢！”

吴焕先觉得这个战士好面熟，便问：“你是……”

“吴主任，你不认识我了？我叫胡光耀。”

吴焕先立即想起来了，上去握着胡光耀的手说：“想起来了，自卫军第3分队队长！看你蓄着一脸的胡子，让我都认不出来了！你负伤前在哪个团？”

“我是25军223团3营营长。”胡光耀有些伤心地说，“蔡申熙军长牺牲后，方面军主力撤走，原来的3个师走的走，散的散，只剩下一个223团，我们团现在也不知在哪里，看来红25军是完了！”

吴焕先拍了一下胡光耀的肩膀说：“老胡，不要悲观失望，你们223团就在黄安七里坪一带活动，很快就会来找你这位营长的。”

胡光耀有些激动地问：“是真的吗，吴主任？”

吴焕先坚定地说：“是真的，咱们还要把被敌人占去的根据地重新夺回来！”

吴焕先是一个十分重视军队建设的人，在方面军主力西去之后，他就打算要重新组建一支正规部队。鉴于红四方面军主力久不归来，根据地形势严峻，他便找到省委书记沈泽民，当面陈述了他的想法，建议省委把留在根据地的 5 个主力团尽快集中起来，重新组建一支主力红军，以扭转根据地的混乱局面，独立坚持武装斗争。

重建红 25 军

不久，红军 5 个主力团在黄安七里坪地区会合。11 月 25 日，驻新集的敌第 89 师 265 旅 530 团和第 267 旅 534 团向根据地光山南区郭家河进犯。第二天，红军以 5 个团的优势兵力迎击该敌。虽毙伤敌数百人，但由于指挥不统一等原因，未能予以全歼，自己也伤亡数百人。因此，集中统一领导和指挥的问题，更加迫切地提上了议程。

11 月 29 日，中共鄂豫皖省委在黄安檀树岗召开军事会议，研究红四方面军主力西去后根据地面临的形势，总结一个多月来分散坚持斗争的经验。会议认为：一个多月来，虽然根据地军民一起奋起展开对敌斗争，但由于缺乏统一的组织和指挥，力量比较分散，因而，不仅没能有力地打击敌人，相反，却存在着被敌人各个击破的危险。为了保存红军力量，便于统一指挥，集中力量打击敌人，会议决定，将根据地各红军主力团统一组织起来，重新组建中国工农红军第 25 军，坚持根据地斗争。

重组的红 25 军，吴焕先任军长，王平章任政治委员。原第 27 师政治部改为军政治部。第 27 师改编为第 74 师，徐海东任师长，戴季英任政治委员。原第 75 师番号不变，姚家方任师长，高敬亭任政治委员。11 月 30 日，在檀树岗村南的河滩召开大会，宣布新的红 25 军组成，全军约 7000 人。

吴焕先每天都奔走于每个师、团、营、连，亲自检查和安排军事技术训练。每到一地，都将指战员集合起来，慷慨激昂地鼓动一番："同志们，我们红 25 军的战斗任务，就是坚持武装斗争，坚

紅三十五軍成立

决保卫革命根据地！以大别山为中心的鄂豫皖根据地是无数先烈用生命换来的，以鲜血染红的，战则存，不战则亡，我们一定要以百倍的战斗勇气，争取到最后的胜利！无论怎么艰难困苦，流血牺牲，鄂豫皖根据地不能丢，大别山的红旗不能倒！”火一般炽烈的思想动员，把每个指战员的战斗情绪都鼓舞起来，全军上下都凝聚起一股劲儿，掀起了练兵热潮。

1933 年 2 月初，吴焕先忽然得到一个意外情报：原驻信阳地区铁路沿线之敌第 35 师马鸿逵部，调至光山县新集驻防，充当了“清剿”鄂东北苏区的急先锋。

3 月 4 日，敌第 35 师 103 旅 205 团、第 104 旅 207 团进占郭家河，接替敌第 89 师的防务。吴焕先根据这一敌情变化，马上找到省委领导，认真分析了敌我兵力情况，决心乘其孤军深入，人地生疏而又立足未稳之际，集中全军两个师（4 个团）的优势兵力消灭该敌。

3 月 5 日夜，红 25 军在野鸡笼进行政治动员。军长吴焕先讲话，指出这次战斗的意义和取得胜利的条件，要求全军指战员英勇战斗，消灭敌人，打好红25军重建后全军集中兵力作战的第一仗。简短动员之后，部队乘着夜色向郭家河开进。

3月6日拂晓，以徐海东第74师为主攻的郭家河战斗，准时在羊人岩（又称岩儿岩）高地打响了。歼敌一个营以后，红军即以夹击合围之势，迅速冲向郭家河街头，将敌分割开来，就地围歼。敌人顿时乱作一团，首尾不能相顾，一部被歼灭，余下的抱头向西北逃窜。英勇的红军战士立刻追击，经过一个小时激战，将其消灭在二道河西南洼地。少数几股仓皇逃走的敌人，随后也被地方武装、游击队和手执锄头扁担的群众全部截获缴械。此战，红25军以伤亡30余人的代价将两个团的敌人全部歼灭，毙敌百余人，俘敌团长马鸣池以下官兵2000余人，缴获山炮1门、迫击炮8门、机枪12挺、长短枪2000余支、子弹10万余发、战马百余匹。郭家河首战告捷！这一极其出色的歼灭战，作为成功的战斗范例，载入红25军的战斗史册。

战斗结束后，郭家河街头顿时沸腾起来。这

个地处新集、七里坪与宣化店之间的山中小镇，原来也是根据地的中心区域，很早就建立起苏维埃政权。然而，就是这个山清水秀的河湾小镇，自从被敌人占领之后，完全被抢劫一空，许多店铺的门窗都被扒掉，居民院落也变成了敌人的骡马大圈，街面上到处都是骡马粪便、鸡毛鸡爪、啃过的肉骨头。河边上，敌人宰剩下的牛角、牛蹄子及下水，也是狼藉满地，污秽不堪。

听说红军收复了郭家河，老百姓从四面八方纷纷涌来，街道上人山人海，挤得水泄不通。有不少跑反在外的农民群众，都不约而同地集合起来，怒不可遏地闯入俘虏群里，怒斥敌人、声讨损失。春耕眼看就要开始了，许多农民的耕牛都被敌人宰杀了，老百姓无不咬牙切齿，恨之入骨。

吴焕先对群众作了一番解释，晓之以政策纪律的重要性，这才平息了民愤。趁此机会，吴焕先对 2000 多名俘虏官兵，当场进行了一番教育。他叫部队把敌人所宰杀的耕牛角、蹄子，全都从河边捡了回来，堆在讲台的一角，向俘虏们大声讲道："35 师的官兵们，你们都睁开眼睛看看，数一数杀了多少耕牛？你们才来两天，就杀掉了二三十头耕牛，长此下去，还有老百姓的活路吗？老百姓痛恨你们，打骂你们一伙当官的，都是因为你们没有一点人性，造孽太深，天理不容！老百姓叫你们赔偿损失，完全是应当的，就是把你们几个当官的千刀万剐，也解不了老百姓的心头之恨！今天，若不是红军纪律严明，老百姓会把你们砸成肉泥，用唾沫星子喷死！”他缓了口气又说：“听说你们这个35师，是从西北宁夏一带开来的，路程很远很远……是啊，你们能够开出潼关，为什么不去山海关攻打日本人？你们出了潼关，偏又开到大别山攻打红军，红军跟你们井水不犯河水的，到底是为了什么？你们都捂着胸口想一想，还有没有中国人的良心？”

接着，吴焕先又亮着嗓门讲道：“老实告诉你们，红军对待你们还是有所区别的，首先保证你们的生命安全，能够优待的尽量优待！你们的去留问题，我们也将很快作出决定。可是，我也要警告你们，从今往后，不要再为蒋介石卖命，哪个胆敢继续作恶，与红军为敌，绝没有好下场！”

郭家河战斗震慑了敌人。敌第35、第13师分别固守新集、黄安，纷纷告急求援。

郭家河战斗胜利之后，吴焕先看到，要想带好红 25 军，使之立于不败之地，就要不断提高自己的军事指挥才能，加强红军官兵的政治思想教育，让其成为一支纪律严明、能征善战的部队。他经常组织营以上的干部在一起讨论和学习军事，让黄埔军校四期毕业的第 75 师师长姚家方讲军事课，还经常出一些模拟题让学员回答。经过一段时间的学习和讨论，红军指挥员的军事和政治素质得到了很大提高。

吴焕先是一个谦虚好学的人，徐向前来大别山时，吴焕先一直向他请教，后来许继慎和蔡申熙先后来到大别山，吴焕先也是抱着诚恳的态度向他们学习军事，并和他们成为最好的朋友。吴焕先身上总带着一个小本本，记录着各次战例和第一、第二、第三次反“围剿”作战中徐向前等人研究总结的游击战争 7 条经验。这 7 条经验是：集中作战，分散游击；红军作战尽量号召群众参加；敌情不明，不与作战；敌进我退，敌退我进；对敌采取跑圈的形式；对远距离的敌人，先动员群众扰乱敌人，再采取突击的方式；敌人如有坚固的防御工事，不与之作战。

他要求每个红军指战员都背会这 7 条游击战争经验。他说：“我们不但要学会打正规战，集中优势兵力打歼灭战，我们还要学会打游击战。在深山区里同强大于我的敌军作战，不懂得游击战术就等于是瞎子打火，往往是把自己烧死了！”他还总结了红军官兵要练就的“八诀”：跑、打、集、散、进、退、知、撤。

一些在当地参军，没有受过正规训练的红军干部在战斗间隙接受吴焕先的游击战经验培训后，很快掌握了游击战的基本知识，提高了在战场上的指挥能力。

坚守鄂豫皖根据地

1933 年 4 月初，红 25 军再次转移到麻城以北的大畈地区时，红 28 军主力也由皖西北转战而来。两军会合以后，为加强红25军力量，以集中更多兵力对付敌人的“清剿”，中共鄂豫皖省委于4月8日决定将红28军编为红25军第73师，廖荣坤为副军长兼师长，王少卿任政治委员。由于王平章在3月底的商城门坎山战斗中壮烈牺牲，决定由戴季英担任红25军政治委员兼第74师政委。并将麻城、罗山2个独立师及部分地方武装编入其中，全军共1.2万余人。

扩编后的红25军，继续采取“飘忽的游击战略”，寻机打击孤立或薄弱之敌。4月15日，在潘家河痛击敌第13师的进攻，歼其78团及76团一部；18日，又在杨泗寨附近与敌第31师4个团遭遇，经激战，歼敌一部。20日，敌第30、第31师再次向杨泗寨进攻。红25军坚守阵地一日，再次给敌人以沉重打击。这两次战斗，共歼敌数百名。敌第31师在战报中自供：伤亡团长2名、营长6名、连排长30余名、士兵300余名。

经过5个月的作战，红25军这支组建不久的部队，已成为坚持鄂豫皖根据地斗争的新的主力红军。

红 25 军的接连胜利打破了敌军大规模划区“清剿”计划，同时也滋长了省委轻敌冒进的错误思想，认为郭家河战斗标志着“大举反攻时期”开始，并把“夺回中心城市”的口号又提了出来。恰在这时，中共中央 1933 年 3 月 10 日《给鄂豫皖省委的军事指令》中，提出“改组后的红二十五军应当以消灭七里坪的敌人的力量和夺取与巩固这个地点为第一个任务”。

于是，中共鄂豫皖省委在 4 月 14 日发布了《通告第一〇六号》，提出了“反攻时期”的四大任务：完全消灭鄂豫皖苏区内部一切匪军民团；夺回新集、七里坪、红安县、宣化店、商城、金家寨等一切城市；收复整片苏区鄂豫皖和扩大新苏区；拿鄂豫皖苏区积极反攻和反攻胜利来多牵制敌人的兵力，帮助中央苏区。并将夺取七里坪等中心城镇，作为“反攻时期”的主要战斗任务。

5 月初，中共鄂豫皖省委决定夺回七里坪，恢复和巩固根据地，保障群众春收春耕。然而，这是一个完全脱离实际的决定。

七里坪，黄安县城北面 20 公里处的一个重要集镇。敌人在其周围修建了碉堡、围墙、壕沟、铁丝网，构筑了比较坚固的防御体系。一条南北长街，四面群山环抱。倒水河从西门外悠悠流过，清澈见底，可以看到洁如白玉的碎石，……当初，黄麻起义农民革命运动的烈火，就是在这里点燃的，烧起冲天之火，映红了雄伟的大别山！

根据鄂豫皖省委的战役企图，5 月 2 日夜，吴焕先率部进入作战阵地。由于兵力不足，无法实行四面包围，只能占据七里坪以东以北的几处高地，形成半边包围的威逼之势。对于七里坪以南通往黄安县城的公路，以西通往华家河的道路，都没有足够兵力加以控制，敌人照样通行无阻。按照省委的意图，能够把敌人逼走就是胜利！

敌人发现红军进攻七里坪的意图之后，5 月 4 日，敌第 13 师将其驻华家河的第 74 团调七里坪加强防务。7 日晨，红 73 师 217 团袭击小悟仙山未果；11 日晨，红军攻击大悟仙山敌军阵地，又未能得手。在此期间，敌第 89 师由红安县城开抵七里坪，形势越加严重。5 月 21 日夜，红军以第 74 师 1 个团和第 75 师约 1 个团，再次袭击小悟仙山，当时占领了敌前沿阵地。次日拂晓，敌第89 师两个团在强大火力掩护下，遂又向红军猛攻反扑，红军被迫撤回。此后，即与敌形成阵地对峙状态。

整整 20 天了，进攻不成，撤退不能，胜利的希望十分渺茫，部队反倒陷入了不能自拔的境地了。这种不自量力的阵地战，就其兵力配置而言，也如同强拉橡皮筋一般，为了扩大包围区域，兵力火力都分布过宽，难以对敌重点突破。

历时 43 天的七里坪之围，无论怎么“骑虎难下”，最后省委也不得不忍痛作出决定——撤围。6 月 13 日夜，红 25 军全部撤出阵地，向七里坪东侧的光宇山、十丈山一带转移。

部队围七里坪之时，驻扎在新集以南的反动民团不断向箭厂河一带侵犯，强迫好几个村子“插了白旗”。已经黄熟了的小麦，大都被敌人放火烧了。吴焕先的妻子曹干先跑反到了甘渣岗一带，就在收割小麦的时候，她饿死在甘渣岗，被一个放羊娃儿发现，吴焕先等人闻讯赶到。

就在这最后离别之际，看着妻子没有一丝血

色的容颜，吴焕先从来都不肯轻弹的泪珠，吧嗒吧嗒地滚落在地。

没有棺材，没有寿衣，就那么一身衣服鞋袜，穿戴于人间，埋葬于黄土之下。吴焕先心里非常难受，觉得愧对妻子，但条件着实艰难，无奈只能用一条缴获的军毯紧紧裹住妻子的遗体，草草下葬了。

临走时，吴焕先又掐了几束野菜，裹着几朵盛开的蒲公英，端端正正地摆放在妻子的墓前。这，也是他唯一能够做到的事，以告慰妻子的英灵——那一颗苦难凄惶的心。

七里坪围攻失败之后，吴焕先率红 25 军避开敌人的主要防线，一面筹粮，一面休整，全军干部战士的体力稍有恢复，但仍在敌人的“清剿”区内活动，吃粮仍然是个严重问题。加上敌人部署在鄂东北地区的兵力达 8 个师又 4 个旅共 53 个团，约 10 万人，敌我力量相差太大，只有把队伍拉到外线作战。

7 月 1 日、2 日，中共鄂豫皖省委在太平寨的周家祠堂，召开了省委常委会议和第二次扩大会议。常委会议上，决定“积蓄粮食计划之未能实行，将影响到红 25 军不能打破敌人新的进攻，决定无论如何准备一月之粮”。因此，吴焕先马上就带着筹备“一月之粮”的紧急任务，匆忙地返回部队驻地福田河，亲自安排布置。无论战局怎么发展变化，部队总是要吃粮的，七里坪之围就是铁证！

七里坪之围，作为一场历史悲剧的序幕，也许由于刚刚揭开，省委还意识不到这个严重现实的预兆，或是面对敌人新的进攻企图，暂时也来不及进行深刻反省。

7 月 10 日、11 日，红 25 军广大指战员忍着长期的饥饿与疲劳，发扬英勇顽强的战斗精神，和从皖西北来的红 82 师，在福田河西的黄土岗一带，将来犯之敌第 54 师 162 旅两个团全部击溃，歼其一部，击毙旅长郭子权。战后，吴焕先根据省委指示精神，抓紧整编了部队。鉴于七里坪战役期间减员过多，决定撤销第 73 师番号，补充加强第 74 师和第 75 师。这时，全军共两个师 6 个团，6000 余人。

与此同时，郭述申带领的红 82 师，也奉命返回皖西北地区。

7 月 17 日，以刘镇华为首的豫鄂皖“剿匪”总司令部，由潢川移至新集，向鄂豫皖根据地发起了第五次“围剿”。参与“围剿”的敌人总兵力达到 14 个师又 4 个独立旅，共 10 万余人，而用于鄂东北的兵力就有 8 个师又 4 个旅。鄂东北是敌人“围剿”的重点区域，刘镇华亲自指挥各路大军分进合击，妄图一举消灭红军，彻底摧毁革命根据地，局势极为严峻。

面对敌人的第五次“围剿”，省委虽然也看到了“刘镇华来了以后，正在极力设法布置新的进攻”，但并没有认识到这就是对鄂豫皖边区的第五次“围剿”，而认为这个新的进攻是以“破坏苏区秋收为主要目的”。于是便提出了“完全保障秋收”的战略任务。由于反对张国焘的逃跑主义，省委走向另外一个极端：“死守”和“与土地共存亡”。

敌人“围剿”开始时，吴焕先带领红 25 军，仍在福田河地区加紧筹粮。7 月 18 日，刘镇华的第 65 师由北向南大举进攻，直逼省委驻地太平寨。省委一面命令两个独立师等地方武装，从正面阻击敌人进攻；一面命令红 25 军立即赶回太平寨，坚决保卫中心苏区。20 日，吴焕先率军抵达太平寨，于 21 日拂晓在王家湾以南的陵牌石，向敌第 65 师 195 旅发起进攻。经过激烈战斗，毙伤敌人 700 余人，伤其旅长马祺臻，但未能将敌击退，红军伤亡 500 余人。

7 月 22 日，敌第 30 师占领长冲，并向檀树岗进犯。在此危急时刻，红 25 军又奉命掉头南下，抢占长冲以东的光宇山阵地，阻击敌第 30 师的进攻。经过几次激战，毙伤敌 400 余名，也未能将敌人击退。后因敌人继续进攻，红军粮食断绝，只得向麻城北部董家畈一带转移。

从 7 月 18 日至 8 月 18 日，整整 1 个月的时间，红 25 军一边作战，一边打粮，有时还要摆脱敌人的围追堵截。直到 8 月 23 日，红 25 军不得不再次向省委驻地太平寨转移。这时，红 25 军在极度艰难的转战中损失了 1500 余人。至此，鄂东北保卫战失利。

红 25 军主力到达太平寨后，由于粮食断绝和敌人继续进攻，省委机关被迫随红 25 军主力向东转移。8 月 26 日夜，经由福田河以南的松子岭、张家店之间，越过潢（川）麻（城）公路。这时，省委仍想尽量不远离鄂东北中心区，打算就地筹粮。可是中心区域再也无法筹到粮食了，部队只好不断向东转移，边行军，边作战，边筹粮。

直到这时，省委在被敌人逼得走投无路的情况下，才不得不作出“到皖西北苏区行动”的决定。

9 月 5 日，红 25 军到达皖西北南溪，受到广大军民的热烈欢迎。这时的皖西北革命根据地，虽然也处于敌人的重兵“围剿”之下，但仍保留着一块方圆百余里的地盘，汤家汇、双河山、南溪等几座互为依托的中心集镇，依旧在红军手中。根据地境内，群众情绪稳定，粮食也比较充足。

吴焕先一到南溪，便紧紧拉住红 82 师师长刘德利的手说：“祝贺你，刘师长！你留在皖西，才得了大利！”

刘德利笑了起来，说：“若不是军长常给我们讲游击战的飘忽战术，哪能取得胜利啊！”

吴焕先心里十分高兴，刘德利的话使他感到实实在在的欣慰，当初他给他们讲游击战的飘忽战术，就反复强调了山地战争的灵活性，只有避实击虚，才能立于不败之地。

9月10日，刘镇华以包括皖西北敌军在内的总共5个师又2个旅，从四面八方向汤家汇、双河山、南溪等地大举进犯，合围红25军。经过几番苦战之后，红军主力难以扭转危局，只得于23日撤出根据地，被迫向南转移。前后才十几天时间，敌人就占领了汤家汇、双河山、南溪等地，皖西北中心保卫战也遭受失败。

飘忽的游击行动

9月26日，中共鄂豫皖省委书记沈泽民在大埠口附近主持召开会议，出席会议的有吴焕先、戴季英、徐海东、高敬亭、郭述申等。因红25军连续转战鄂东、皖西，兵员损失很大，弹药缺乏，会议决定红25军进行缩编，第74师由3个团缩编为3个营，第75师223团分别编入第224、第

225 团，全军只剩下 3000 余人。省委根据皖西北革命根据地沦陷，决定红 82 师仍留在皖西北就地坚持斗争，红 25 军立即返回鄂东北。

9 月 27 日，红 25 军由大埠口附近出发，冒雨翻山，向鄂东北前进。29 日晚到达福田河以南的石香炉附近。密布于潢（川）麻（城）公路封锁线的敌第 30、第 31 师发现红 25 军去向后，全线加强了戒备。红 25 军遂改向黄土岗以南运动。10 月 2 日黎明前，红 25 军由黄土岗至四道河之间强行通过公路，遭敌第 31 师 93 旅猛烈火力阻击。省委书记沈泽民和军长吴焕先、政治委员戴季英率第 75 师大部、第 74 师一部共 2000 余人，向西突破封锁线时，天已大亮。敌人急调第 92 旅协同第 93 旅实行南北夹击，副军长徐海东及后续部队被截断在路东。从此，红 25 军被分割于鄂东北、皖西北两个地区，第五次反“围剿”斗争进入更为艰难的时期。

10 月上旬，红 25 军返回鄂东北道委驻地紫云寨地区。10 月 16 日，省委在紫云寨召开了第三次扩大会议。这次会议，原来准备全面检查省委的斗争方针，认真总结和吸取经验教训，作出今后斗争的政治决议案和党、苏维埃、红军、群众工作等专题决议案。由于敌人的进攻，会议只开了一天半就仓促结束，原定计划未能实现。

10 月 19 日，敌人以 7 个团的重兵，向紫云寨发起进攻。红 25 军和地方武装一起，与敌恶战 1 天，掩护党政机关和群众趁夜突出包围。随后，便经由大小坳口、灯笼山、平头岭等地，被迫向老君山、天台山撤退。

逼上老君山的途中，吴焕先带领的军部特务营和第 75 师 224 团，一路上边走边战，奔走在前。

11 月 4 日夜，吴焕先第一次采取奇袭手段，带领部队占领了老君山以西敌军据点黄陂站，缴获一批给养物资。接着，他又带领几个连队，以极其神速的游击行动，飘忽于老君山以东二三十公里之外的地方，经由箭厂河、太平寨等地，转到麻城以北的杨泗寨、西高山地区，积极开展游击活动。

敌第 30、第 31、第 32 师各一部向红 25 军合围，吴焕先下令不与其周旋，向西折返。11 月 18 日，再袭黄陂站，歼敌两个中队。敌第 13、第 32 师和第 44 师各一部向红军合围，吴焕先又令部队向陂孝北地区转移，连续袭击三里城、大新店，领导群众进行了分田分盐斗争。然后在彭新店附近会合了第 219 团，遂将该团也编入第 224 团。红 25 军在鄂东北地区的部队到此全部集中，共 1000 余人。

11 月 25 日夜，吴焕先率队到太平寨时，正好遇到本村农民吴先成。老实巴交的吴先成带着哑巴妻子和两个孩子在太平寨一个山坡上搭了一个茅草棚，挖野葛充饥。吴先成告诉吴焕先，说焕先母亲已经饿死有半个月了，被村里人发现后埋葬在黄泥塝坟园里，和他父亲的坟在一起。

吴焕先听到这个消息犹如万箭穿心，心头不住地战栗，真想一下子飞到母亲的坟前，大哭一场！母亲的一生是多么艰辛啊！她没享到儿子的一天福。儿子现在当了军长，她竟然饿死在大路边！他打算让部队在太平寨宿营，连夜赶回母亲的坟前磕几个头，烧几炷香。谁知驻新集之敌 1 个旅向太平寨围了过来，吴焕先连忙率部撤离太平寨，击溃敌后卫部队 1 个营，歼敌 100 余人后急忙向天台山和老君山转移。

部队撤到天台山，吴焕先急忙带警卫员来到刘家湾看望省委书记沈泽民，并给他带来几盒缴获的香烟和一件军大衣。谁知他住过的房子里已空荡荡的，只剩下一盏残破的梓油灯。

吴焕先急忙向村里人打听原因。原来沈泽民同志在他来刘家湾与其会面后的第三天，便因病与世长辞了。

吴焕先怀着极其沉痛的心情，来到沈泽民的墓前，深深地鞠了一躬，将香烟埋在墓前的新土里。随后他在卡房找到鄂东北道委书记郑位三。郑位三给他介绍了沈泽民同志去世的情况之后，拿出一沓子沈泽民亲笔写给中央的报告。报告中写道：

“在郭家河、潘家河之战，轰轰烈烈的胜利后，到现在弄得如此局面，完全是过去错误所造成的……我们真正成了工农的罪人，但我们并不认为前途没有出路，生死存亡只在一个问题上来决断，即是与群众的关系……”

“总之，我们自从接到中央的指示信以后，企图洗心革面，从新做起。……这完全由于我们自己

的路线差误与实际工作中的拙劣，逐渐削弱到如此情形，今后惟有万死的决心来转变……”

吴焕先看着看着，眼睛顿时湿润了，大颗泪珠滚落下来。红 25 军的失利，是多么沉痛的教训啊！

1934 年 1 月 15 日（农历癸酉年腊月初一），敌第 32、第 44 师抽调了 3 个团的兵力，分三路向仰天窝发起围攻。敌人的来势相当凶猛，声言要在腊月间把红军“剿灭干净”，好收兵回营共贺新年！匪兵们所到之处，一窝蜂地大喊大叫：“消灭吴焕先，过年也心安！”

当天，部队想要摆脱敌人已经来不及了。吴焕先当机立断指挥部队，抢占有利地形，英勇抗击敌人。打退敌人多次进攻之后，天也黑了，这才从仰天窝突围出来，转到老君山以南地区。谁知敌人全都精减了行装，每人只带几天干粮，紧紧跟随而来……与此同时，敌人又调动华家河、吕王城、宣化店等地驻军，从四面实行围追堵截。经过数日苦战，红军都难以打退敌人的围攻，无奈又一次转到仰天窝以北山地，与敌人周旋。

1月21日，敌人以4个多团的兵力，向红军发起猛烈攻击。黄昏，敌人的攻势减弱了，吴焕先忙把营以上指挥员召集起来，决定趁夜晚突出重围。吴焕先也来不及多加解释，只是把突围的方向、路线以及集合地点，具体作了一番安排。随后就叫高敬亭带1个营向西运动，瞅准敌人的空隙地带，先行突围，为后续部队杀开一条血路。于是，大家都按照统一部署分头行动。

在此危急关头，吴焕先则带领军部交通队，总共不过1个排的兵力，担任后卫掩护任务。这时，他指挥交通队抢占了北面的一座高地，跟敌人相持了一阵，把周围几股放火烧山的敌人全都吸引过来。打退敌人几次猛扑之后，部队已向西突围而去，吴焕先这才按照约定的会合地点，与交通队一起分散突围。然而，他们已陷入重重包围之中，与敌人混在一起，厮杀混战。

吴焕先身上裹着一件黑呢子大氅，手里拎着一把手枪，目标显得十分突出，敌人更是拼命地追捕着，情势相当严重。这时，吴焕先急中生智，忙把身上的大氅甩掉，接着又把随身携带的一布袋银元，“嚓”地一下撕了开来，白花花撒落在地，逗引敌人去抢。几个紧紧追捕的敌人都是些见钱眼红之徒，为了多抢到几块大洋，相互间又厮打争夺起来……

于是，吴焕先和他的警卫员姚小川、勤务员张海文，还有身边的一班战士，都脱险突出了重围。

天亮以后，吴焕先才把部队集合起来，仔细清点了人数。除了战斗中牺牲的十几名同志之外，大都从浓烟烈火中突围出来。不少挂了彩的战士，都及时赶到集合地点。仰天窝突围的惊险全程，全体指战员心里都一清二楚，无不称赞军长的果断决定和英勇行为，危急时刻又一次保存了部队，摆脱了敌人。

1 月 23 日，吴焕先带领队伍以极其神速的飘忽行动，一举攻入罗山边界的铁铺。24 日，又一次占领三里城和大新店。25 日，乘胜攻占双桥镇。3 天之内，接连奇袭 4 座集镇，歼灭民团数股，缴获了一大批粮食、物资和武器弹药。

这一年的新春佳节，吴焕先所领导的红军队伍，搞得敌人四下告急，很不安宁。

3 月中旬，红军第三次打下三里城，歼灭守敌第 44 师 1 个连。

3 月 21 日，吴焕先以他和高敬亭的名义，于三里城向党中央写了一份书面报告，交由河南省委交通员呈报中央。开头是这样写的：“……这次我带红 75 师一团人到三里城来游击，恰遇河南省委转来中央军委写的一封信——关于鄂豫皖苏区战争经验的研究与今后对作战的建议，此刻因我军事行动仓忙不及等待，又因与中央联系困难，特就个人名义将我区近况作一简单报告……”吴焕先在近 2000 字的报告中，着重讲了 3 个方面的情况：一是敌情动态，二是红军的作战行动和策略，三是省委的组织领导状况，一再“望中央速派一党的工作人员及军事干部来我区”。有关红军的作战行动，他毫不隐讳地写下这样几句：“现在行动是飘忽的，完全是游击动作，最近打了敌人很多碉楼、寨城，消灭十多个民团，缴了 32 师两连人的械……发动各地分粮斗争。”敌人“在每师中抽一团至一旅精锐部队轻装挺进，到处找红军，可是在我军最近飘忽行动之下，敌人处处受我打击牵制”。这是吴焕先第一次写给中央的文字的报告。

报告写成以后，吴焕先马上离开了三里城，转回到天台山以北地区，向省委送交文件。因为党中央转发的文件里面，在谈到“今后作战的建议”时，提出了一个至关重要的战略方针问题，即“有战略的退却的试验计划”。鉴于鄂豫皖苏区的严重形势，为能够保全红军队伍，建议中提出红军主力可以实行战略退却，转向平汉铁路以西的桐柏山区，去创建新的苏区、新的革命根据地。

04 转战于中原大地

担任军政治委员

1934 年 2 月底，蒋介石任命张学良为鄂豫皖三省剿总副总司令，有半数以上的东北军，这时也从华北一带调至鄂豫皖边区。4 月中旬，东北军第105、第 107、第 115 等 9 个师，陆续开抵“围剿”区域。此时，聚集于鄂豫皖边区的敌军总兵力为16个师又4个独立旅，共80多个团，大有“黑云压城”之势！

形势十分危急，中共鄂豫皖省委于 4 月 10 日召开常委会议，就红军主力实行战略退却和创建新区的问题，进行了讨论研究。会议认为，省委对根据地外的情况不了解，根据地的红军力量又比较薄弱，加之平汉铁路敌人设防严密，通过很困难，而且桐柏山区距离根据地较远，难以支援根据地的斗争，所以还是在鄂豫皖地区边沿谋求恢复老区和开辟新区。会议还认为，无论是否离开鄂豫皖革命根据地，都必须首先集中红军主力，以加强对敌斗争。为此决定：由吴焕先率领红 25 军，利用东北军布防尚未就绪的有利时机，先去皖西北会合红 28 军，并一同返回鄂东北，然后召开省委扩大会议，讨论中央指示，决定行动方针。

吴焕先在接受这一任务之前，向省委提出了自己的想法，他说："自七里坪之围以后，红 25 军接连失利，我们也不能完全责怪是受中央'左'倾路线的影响，我作为一军之长，在指挥作战上也还存在着一些问题，近一段时间我时时自责，为红 25 军今天的局面感到十分痛惜！我认为合编后的红 25 军应该以一个新的面貌出现，让刘德利或徐海东同志任军长，我任政委，这两位同志我觉得在指挥作战上都有一套，特别是海东同志，实战经验很丰富，作战勇敢，能身先士卒……"

"不行，不行！"徐宝珊打断说，"红 25 军造成今天的局面主要责任还在省委，七里坪之围，当时你是反对的，可我们几个当时都没能支持你的正确意见，总认为中央的指示是正确的。你在指挥作战上有一套，泽民同志在刘家湾的最后一段时间经常向我提起你，在这种生死存亡的时刻，你可不能卸担子呀！”

“我这不是卸担子，我担任政委职务，一样能够指挥作战嘛！”

徐宝珊和省委其他几位领导见吴焕先说得恳切，便同意了他的意见。

4月16日，红25军和红28军在商城东南部的豹子岩会师。次日，根据省委决定，将红28军重新编入红25军，军长徐海东，政治委员吴焕先，政治部主任郭述申（兼）。第82师改编为第74师，师长梁从学，政治委员姚志修，下辖3个营。新的75师师长丁少卿，政治委员高敬亭，下辖两个团。全军辖两个师，共3000余人。吴焕先向全军讲话：红25军主力分别半年之后，现在又会合了，这是一件大喜事。红25军前一时期的斗争，由于领导上的错误，碰了很大的钉子，这是很令人痛心的。但是，从血的教训里面提高了认识，找到了新的有效的斗争方针，我们的前途是大有希望的。他号召全军指战员团结一致，为打破敌人的“围剿”而斗争。

4 月 18 日，红 25 军即向鄂东北地区转移。19 日越过潢（川）麻（城）公路以后，驻光山县沙窝集的东北军第 109 师牛元峰部两个营尾随追击。吴焕先建议徐海东乘此机会，选择有利地形，打敌人一次埋伏。徐海东立即将第 75 师 223 团埋伏于沙窝集以西的高山寨，指挥其余部队继续前进，诱敌追击。当敌人进入伏击地区时，第 74 师 3 个营回头反击，与此同时第 223 团也从山路两侧发起攻击。敌人遭到前后夹击，顿时乱作一团，仓皇溃逃。红军乘胜猛攻，将敌两个营大部歼灭，毙伤敌百余名，俘敌 52 人，缴获轻机枪 10 余挺，步枪百余支。这次战斗，是两军合编后的第一仗，也是对东北军的首次打击。这以后，部队进至高山寨西南的省委驻地。

吴焕先和徐海东率领红 25 军进入鄂东北之后，吴焕先一方面协同徐海东指挥作战，一方面开始抓部队官兵的政治思想教育。军政治部于 5 月 1 日编印了《关于粉碎帝国主义国民党五次“围剿”与我们党的任务决议案》讨论大纲，发至各级政治委员、政治部（处），要求“拿到支部中和战委会中”去，普遍深入地进行讨论，“要使每个党、团员及每个红色战士彻底了解，多多发表意见”，提高思想认识。接着，军政治部又印发了《最近的口号标语大纲》，其中对敌军士兵的宣传口号中，就有专门对东北军的 6 条，提出：“奉军士兵们，你们的老家被出卖了，你们的父母兄弟妻子都成了帝国主义的奴隶，你们要打回老家去，不要当亡国奴！”“你们不要到鄂豫皖苏区打自家兄弟——工农红军！”“起来，收回东北失地！”一时间，鄂东北地区的农村民居墙上，山头的大石壁上到处可见用石灰写的瓦解东北军士兵心理防线的口号。

6 月中旬，部队转入开辟边沿新区的时候，吴焕先为了健全各级政治委员制度，增强党对部队的政治思想领导，培养提拔了一批政治工作干部。常玉清、陈先瑞、田守尧、陈锦秀、刘幼安（刘震）等一批共产党员，先后担任了营政委、连指导员，逐渐形成一茬强有力的基层政治工作骨干。这时，包括他在内的各级政治委员，全都深入各个连队，埋头从事实际具体的政治工作。省委提出的“政治工作到连队去”的口号，就是他们借以克服不切实际的工作方式、努力改变政治工作者形象的行动准则！这一时期，每个连队普遍都进行了“怎样组织和武装群众”“怎样分配土地”的教育，全军指战员大都参加了发动群众、开辟新区的工作。

这一时期，前后仅 1 个多月，红 25 军就在朱堂店至铁铺一带，恢复和开辟了一块南北长 30 余公里、东西宽 20 余公里的根据地，建立了区、乡、村基层政权，发动群众分配了土地，并成立了地方游击队、赤卫军和便衣队，扩大红军 80 余人。这一块革命根据地，即成为罗山、黄陂、孝感交界特区委（临时县委）和独立团的所在地，随后也是红 25 军长征的出发地。

6 月下旬，张学良制定了 7 月到 10 月的“围剿”计划，总共动用 15 个师又 3 个独立旅的兵力，其方针是“一面划区驻剿，一面用竭泽而渔之方，作一网打尽之图”，企图在较短的时间内将苏区红军及地方革命武装一网打尽。

7月初，敌人开始行动。7月12日，敌第115师姚东藩部、第117师吴克仁部，协同护路部队第105师刘多荃一部，从东西两面向朱堂店地区大举进犯。红军主力为避敌锋芒，掌握主动，即由朱堂店向铁铺以东地区实行转移。红25军经由殷家冲转移的途中，于17日早晨到达长岭岗附近，发现敌第115师两个团夜晚就盘踞在岭上，早晨一起来便架起几门迫击炮，朝四下盲目轰击，几顶黑色帐篷也未及拆除，戒备十分疏忽。徐海东马上与吴焕先作了研究，决定抓住有利战机，歼灭该敌。

长岭岗是一条孤岭，地形比较狭窄，敌人只不过是夜间借以宿营，并无工事可守。战斗打响后，两处连哨即刻被红军连窝端掉，长岭岗很快也被拦腰突破，敌人首尾不能相顾，顿时乱作一团。这时，活动在附近的地方武装独立团和游击队，也赶来配合红军主力作战。只见漫山遍野红旗招展，红军的号声震天，喊杀声响成一片。军政治部拟定的战场喊话口号，这时也变作强有力的催化剂，从四面八方响了起来：

“缴枪不杀！红军优待奉军兄弟……”

“中国人不打中国人！”

“奉军兄弟们，赶快缴枪吧！”

“调转枪口，收回东北失地！”

在红军多面夹击和强有力的政治攻势下，敌军纷纷夺路逃窜。红军乘胜追击，拦路截获部分逃跑之敌。

长岭岗一仗，给了东北军 3 个月“围剿”计划当头一棒！使根据地军民士气大振，战斗中缴获的大批新武器，使红 25 军装备得到进一步改善，不少连队配到了 9 挺轻机枪。敌第 115 师 643、644 团两个团，遭到歼灭性的打击。战后，该师残部即调往孝感休整，师长姚东藩被撤职。

徐海东和吴焕先随后又采取飘忽的游击战术，忽南忽北，忽东忽西，神出鬼没与敌人周旋，搞得敌人晕头转向。8 月初，红 25 军南下罗山、黄陂、孝感交界地区活动。敌人的 3 个“追击队”和第 32 师、独立第 34 旅等对红军进行合围。省委吸取了围攻七里坪之后的教训，考虑到继续留在鄂东北地区不利，遂决定红 25 军再次转向皖西北地区，使敌人的合围计划还没有完全部署妥当，就落得个竹篮打水——一场空！

8 月下旬，徐海东、吴焕先率领红 25 军大踏步地活动于商城、六安、英山之间的广大地区，并在郝集地区击退敌第 11 路军独立旅的进攻，毙伤敌百余人，俘敌 400 余人，缴枪 300 多支及大批军用物资。此后，又在吴焕先的建议下，以最快速的动作击敌之薄弱环节，攻阴山，打太湖，缴获了大批棉布、粮食、药品以及武器弹药等物资，并在陶家河地区恢复了纵横约 20 公里的小片根据地，成立了区委和两个乡政权，分配了土地，镇压了一批罪大恶极的反动分子。

10 月下旬，当敌人集中 3 个“追剿”支队，向陶家河地区蜂拥而来时，省委和红 25 军很快又撤离这一地区。经过两次激战又转而北上，飘忽于南溪的葛藤山一带……

至此，张学良的 3 个月“围剿”计划，实际上已宣告破产。

11 月 4 日，中共鄂豫皖省委率红 25 军向葛藤山地区行动中，收到鄂东北道委书记郑位三的来信。

信上说：中央派程子华同志来鄂豫皖工作，已到道委，建议省委率领红 25 军速来鄂东北，研究今后行动计划。省委当即决定率红 25 军赶赴鄂东北。

然而，红 25 军眼下要奔赴鄂东北，敌人严密封锁，沿途艰难险阻，难以穿插突破，以“走”来摆脱敌人是很难的。

徐海东和吴焕先当时就看准了这种“势在必打”的情势，定下了“以打取胜”的决心，只有坚决守住阵地，与敌人决一死战，打垮敌人的进攻，才能继续前进。他们一面命令第 74 师 3 个营坚决扼守扶山寨高地，牵制和消耗敌人两个“追剿”支队的正面进攻；一面采取灵活的迂回穿插战术，抄袭敌第 107、第 117 师的侧后，各个击破敌人的进攻。

战斗从早晨一直持续到黄昏，终以“打”赢得了“走”的可能，变被动为主动，扭转了危急局面。这次战斗，总共毙伤俘敌 4000 余人，红军亦伤亡数百人，第 75 师政委姚志修在战斗中壮烈牺牲。部队打扫过战场以后，当即释放了全部俘虏，继续行军赶路。

进入鄂东北境内，又行军一天一夜，到达光

山县以西的花山寨，这才与鄂东北道委相遇。至此，终于完成了奔赴鄂东北的紧急任务。

11月11日，鄂豫皖省委在光山县花山寨举行了第14次常委会，讨论红25军实行战略转移问题。

会议根据中共中央的有关文件精神和郑位三转达程子华带来的中革军委副主席周恩来的口头指示，分析了鄂豫皖革命根据地两年来斗争形势的演变，讨论了今后行动的大计。会议认为：鄂豫皖边区军民虽然进行了极其英勇艰苦的斗争，但是根据地被敌人严重摧残，敌我力量悬殊，根据地内的严重局面短期难以根本改变，在边沿地区恢复老根据地与开辟新根据地成效不大。因此，会议一致同意红25军向西转移出去，创建新的根据地，谋求更大发展。

红25军开始长征

花山寨会议之后，中共鄂豫皖省委决定撤销师一级建制，红25军直辖4个团，共2900余人。

军长程子华，政治委员吴焕先，副军长徐海东，政治部主任戴季英。

部队整编后，省委又给当时在皖西北的省委常委、皖西北道委书记高敬亭发出指示，让他们组织鄂豫皖边区党的新的领导机构，并以红 82 师和地方武装为基础再次组建红 28 军，继续坚持鄂豫皖边区的武装斗争。

11 月 16 日，红 25 军在中共鄂豫皖省委领导下，高举“中国工农红军北上抗日第二先遣队”的旗帜，由罗山何家冲出发向西挺进。红 25 军从此开始长征。

这时，敌人判断红 25 军有向西入川的企图。蒋介石急令“追剿纵队”5 个支队跟踪追击，并令驻河南省南阳、泌阳、方城等地的第 40 军庞炳勋部，驻湖北老河口（今光化）的第 44 师肖之楚部，迎头实行堵截，阻红 25 军西进。敌人妄图以 30 多个团的绝对优势兵力，趁红 25 军孤军远征之际，一举包围而歼灭之。红 25 军刚刚踏上新的征途，就面临着一个严重局面。

为了隐蔽北上意图，迷惑和调动敌人，红 25

军继续西进，直抵桐柏县城以西25公里的洪仪河、太白岭、界牌口一带，并派出少数部队佯攻湖北枣阳县城。这一出其不意的行动，果然吸引了各路围追堵截之敌，纷纷向枣阳一带靠拢集中。正当敌人妄图将我军聚歼于枣阳地区之时，红25军突然于11月22日从枣阳县城以北的韩庄掉头东去，沿途击退敌“追剿纵队”第5支队的阻拦，然后转向东北前进。这时，敌第40军2个步兵旅、1个骑兵师，均由北面推进到新野、唐河、赊旗镇（今社旗）等地，堵住了北上伏牛山的道路。军领导遂决定绕道泌阳城东，经由象河关转向西北，越过许（昌）南（阳）公路，向伏牛山区前进！

11月23日，红25军在桐柏以西的歇马岭一带，击退敌“追剿纵队”第2支队的进攻。部队一进入平原地带，就不时遭到围寨武装的骚扰阻拦，行动比较缓慢。每路过一座围寨，都有零星伤亡。面对盘踞的拦路虎——地主武装，攻不易攻破，过又不便通过，即使绕道而行，也难摆脱冷枪冷炮的骚扰。军领导谁也不曾想到，这中原大地的村落围寨，竟然密如蛛网，每一座武装据守的围寨，都成为前进路上的障碍物。

为了减少前进路上的阻力，争取时间迅速北上，吴焕先专门召集干部会议，进行政治思想动员，要求部队严格遵守群众纪律，不打土豪，不进围寨，沿途所需粮草，一律实行购买；并要求部队随时做好战斗准备，以防敌人袭击。为了开展政治攻势，宣传抗日主张，吴焕先还亲自起草宣传短文及红军纪律，由政治部油印成传单，到各围寨散发。各围寨主见到传单后，知道红军是北上抗日的队伍，一些寨主果然不再干扰，有些还出寨欢迎红军通过。

11 月 26 日这天，寒流突降，雨雪交加。红 25 军指战员衣服都很单薄，又被雨雪浸透，有的草鞋被烂泥粘掉只得赤脚行军，一路上饥寒交迫，行进十分艰难。为了抢在敌人的前面，尽快穿过公路，全军指战员迎着凛冽的寒风，冒着刺骨的雨雪，挣扎在泥泞路上，一步不停地向前挺进。

午时，先头部队第 224 团进入方城县独树镇附近，准备由七里岗通过许（昌）南（阳）公路。谁知庞炳勋第 115 旅和骑兵团已抢先到达，并占领公路沿线几个村庄，突然向红军先头部队发起猛烈攻击。因雨雪交加，能见度差，红军先头部队发现敌人较迟，加上战士们的手指冻僵，一时拉不开枪栓，抵抗不及，只得被迫后撤。敌人乘机发起冲击，并从两翼包围过来，情况十分危急。

在此关键时刻，吴焕先迅速赶到先头团，立即指挥部队就地进行顽强抵抗。他向战士们大声疾呼："同志们，就地卧倒，坚决顶住敌人，决不能后退！"吴焕先的到来，马上稳定了部队。战士们趴在泥泞地上，利用地形地物抗击着敌人，吴焕先从交通队队员身上抽出一把大刀，高呼："同志们，现在是生死存亡的关头，决不能后退！共产党员跟我来！"带领部队，冒着敌人密集的火力，奋不顾身地冲上前去，与敌人展开搏斗。吴焕先激昂的声音，震撼着每个战士的心。战士们跟着政委的身影，勇敢地冲了上去。

战斗正在激烈进行之际，副军长徐海东带领第 223 团跑步赶到，立即投入战斗。经过一番恶战，终于打退了敌人的进攻。接着，第 223 团又向七里岗之敌发起冲击，试图打开缺口，冲过公路。但由于敌人的疯狂阻击，一连三次冲击都没有成功。于是，部队转而固守与敌对峙的几座村庄，并以反突击打退敌人的多次进攻。

入夜以后，全军很快又转移到杨楼一带，稍事休整。因为敌情严重，“追剿纵队”主力随后也紧追而来，军领导决定连夜突出重围。当晚，全军以极其神速的紧急行动，由地下党的同志帮助带路，从敌人封锁防线的间隙穿插而过，绕道叶县保安寨以北的沈庄附近，穿过许（昌）南（阳）公路，直抵伏牛山东麓。

穿过公路以后，敌第 40 军骑兵第 5 师、步兵第 115 旅和骑兵团很快又尾追而来，沿途实行追堵夹击。28 日拂晓，红 25 军又一次在拐河镇的沣河两岸接连打退敌人的追堵进攻，这才进入伏牛山中。

一路上，吴焕先不失时机地从事社会调查，多方了解当地的风土人情，积极开展群众工作。沿途的行军作战，多由程子华和徐海东负责指挥，吴焕先把心思和精力，全都集中在安抚群众、争取群众、发动群众方面。他说：“红 25 军无论到了哪里，都得把革命影响带到哪里。红军每到一地，首先要让老百姓晓得什么是红军，了解红军的宗旨、性质、任务和政策纪律……只有争取了老百姓，红军才有立足的可能、胜利的保证！”

伏牛山中的群众，对于外来的军队是憎恶的，也很对立。不管是什么军队他们都一概称为“刀客”！

红军所到一乡一村，老百姓都人去屋空。因此，部队也只能就地而宿，很难接近群众，发动群众。

面对这种情况，向来是“以民为天”的吴焕先，眼下也无可奈何。可他还是一如既往，严格要求部队遵守群众纪律，切实做好“见不着群众”的群众工作。他再三强调：“即使见不到一个老百姓，也要以红军的模范行动，给人留下一种良好印象。当地的老百姓，不了解什么是红军，我们就以红军的一举一动，使老百姓了解红军。雁过留声，人过留名。红军从此路过一回，绝不可给老百姓留下话柄，落下什么骂名！”

12月2日，红25军经由嵩县境内的车村、孙店、栗树街等地，进入当时归属卢县版图的栾川地区。

经过一段时间的了解，吴焕先、程子华和徐海东等军领导发现伏牛山地区地域狭窄，人烟稀少，粮食和物资都很缺乏；加上连日来不断受到土匪部队的袭扰，庞炳勋尾追之敌即日可以赶到，若是在这里发展根据地，恐怕坚持不了多久。吴焕先建议最好是把部队拉到陕南去，那里粮食充足，群众基础也比这里好。于是，他来找省委书记徐宝珊，阐明了自己的看法。

徐宝珊听了吴焕先的意见后，认为他的意见很正确，便果断决定继续西进，将部队转移到陕南去发展革命根据地。

创建鄂豫陕根据地

12 月 8 日，红 25 军经由箭杆岭进入陕南境内，歼灭三要司守敌第 42 师 248 团 1 个营。第二天即翻越蟒岭，到达山中小镇庾家河。

庾家河这个小镇，一条拐弯小街，30 多户人家，大都是庄稼人在这里开着几家杂货店铺。虽然镇子不大，却也热闹，每到一、三、五、七逢集日，方圆几十里的山民都来此赶集，别有一番山乡风情。

部队进入庾家河后，老百姓由于对红军不了解，纷纷关门闭户，不敢出门，有些人干脆携着钱物躲到山上去了。

吴焕先立即召集部队各级分管政治工作的干部，传令部队要遵守纪律，不要动群众一针一线，并组织一个宣传小队到各家门前宣讲：红军是老百姓自己的队伍，只打国民党反动派和危害人民群众的土匪，决不侵害老百姓的利益。部分群众听到红军宣传后，便将门打开，让红军进屋休息。

这天，省委和红军的几位领导住进了镇子里一个叫“春永茂”的中药铺子里，药铺的掌柜不知逃到哪里去了。天快黑下来时，几个战士押着一个三十五六岁、头戴瓜皮帽、身着棉袍的人走进“春永茂”药铺，战士们把那人押到吴焕先面前，说：

“我们从山上抓到一个大土豪，请政委发落！”

吴焕先见这个被称作“土豪”的人吓得不住地发抖，便问：“你叫什么名字？”

“我……我叫杨春荣，是，是这家药铺的掌柜。”

“你为啥要跑呢？”

“听……听人家造谣说，红军都……都是红毛野人，所以，我……我就躲、躲了起来……”

吴焕先笑着说：“杨掌柜，看清楚了吧，我们红军既不是红毛野人，也不是土匪，我们是老百姓的队伍，专打反动派和坏人的！”

“我知道，我现在知道了！”

吴焕先当即找来几位老百姓，问明了情况。大家都说：“杨掌柜是个大善人，有时给穷人开药方治病，连钱都不收，大伙儿都念他好！”

吴焕先听说后，禁不住笑着说：“开个中药铺子，也是救死扶伤的慈善事业，我们住在人家铺子里，还把掌柜的给扣押起来，太不够意思了。赶快放了，放了，莫把大善人当成大土豪！”他说着亲自给杨掌柜松了绑，作了一番解释，表示歉意。

杨掌柜对红军有了新认识，出于感激，他立

即从地下室里拿出好几斗包谷和50块大洋，资助远道而来的红军，还主动热情地为红军伤员治病。

红军善待杨善人，在小镇上引起了很大反响，人们都说红军爱国爱民。吴焕先决定趁热打铁，当晚就让政治部起草了一份张贴传单，借以安定民心，使群众真正了解红军队伍。第二天，《什么是红军》的油印传单，便在街头上贴了出来。

12月10日上午，省委在庾家河"春永茂"药铺召开第十八次常委会议，研究在鄂豫陕边界地区创建新的革命根据地问题，并提出"立即建立鄂豫陕省委，为创造鄂豫皖苏区而斗争！"

然而就在这天午时，原驻守在朱阳关一带堵截红军入陕的敌第60师，突然跟踪追入陕南境内，经由鸡头关快速奔袭而来。一阵突如其来的枪声，忽然在庾家河的东山坳口响了起来。

省委立即停止开会。程子华、徐海东、吴焕先等人都抢先上山，指挥部队实施反击，阻止敌人的进攻。一场极其壮烈的反击战，就在庾家河的山坳口上展开……

战斗一开始，敌第60师先头部队第360团就攻占了东山坳口的有利地形，接连不断地发起猛攻。徐海东奋勇当先，率领主力第 223 团，强攻东山坳口，以猛烈反击夺回阵地。与此同时，第 224、第 225 团也迅速抢占坳口南北两侧高地，协同主力团将敌人打退。第 224 团团长叶光宏在与敌争夺坳口阵地时一条腿被炮弹炸断，仍然坚持不下火线，继续指挥作战。该团 7 连的一挺轻机枪，在与敌人火力的对抗射击中，接连牺牲了 3 名射手，仍持续不断地补位射手，终以猛烈的火力压倒敌人，保障了反击成功。跟随徐海东的司号长程玉林，下颏被敌人子弹打穿，不能再吹军号，就利用坳口的一座小庙作掩护，坚持向敌人投掷了数十颗手榴弹，接连打退敌人多次冲锋，最后壮烈牺牲。激战中，军长程子华、副军长徐海东先后负了重伤。

程子华、徐海东负伤以后，吴焕先挺身而出，继续指挥战斗。午后，敌第 60 师 355、357 团紧跟着又增援上来，轮番向红 25 军发起冲击。于是，一次又一次的冲击与反冲击，如同拉锯似的一来一往，激烈争夺开来。

全体指战员在吴焕先的指挥下，英勇反击，殊死战斗，战至黄昏，经过 20 多次反复冲杀，终于将敌人打垮击退。是役，敌人伤亡 300 余人，红 25 军亦伤亡 100 余人。

战后，部队连夜翻过几座大山，到达庾家河以西的洛南县蔡川地区。12 月 11 日，吴焕先首先抓紧整编了部队，经过独树镇、庾家河两次恶战，先后伤亡了四五百人，各级领导也有不少人负伤。因此，他决定将第 224 团予以撤销，分别补充编入第 223、第 225 团和手枪团。整编后的红 25 军，总共 2500 余人。就这样一支疲惫不堪的红军队伍，立足于鄂豫陕边，挑起了创建新苏区的重任。

同时抽调手枪团二分队与当地的一支农民武装组成陕南抗捐第 1 军，就地开展群众工作，扩大武装力量，并成立了中共商洛特委。

红 25 军主力则以大回旋的行动，先南下郧西，又北返洛南，再东到卢氏，西到蓝田，一方面大面积调查了解地形和社会情况，一方面以武装斗争为先导，扫除民团和反动政权，摧毁国民党在乡村的统治基础。红军所到之处，严格执行群众纪律，并将没收土豪恶霸的财物分给贫苦农民，广大贫苦农民逐渐从苦难中觉醒，知道红军是自己的军队，共产党是穷人的救星。省委决定先在鄂陕边界的镇安、山阳、旬阳、郧西 4 县边区发动群众，提出抗捐、抗债、抗粮、抗夫、抗丁的“五抗”斗争口号，号召群众起来斗争。此外，还派出第 223 团政治处主任陈先瑞带领该团 7 连到地方上发动群众，开辟新区。

1935 年 1 月初，红 25 军由蓝田县再度南下，9 日攻克镇安县城，歼敌保安队一部，救出大批“抗捐犯”，又缴获了许多布匹和棉花，解决了全军的冬衣问题。发动群众，建立苏维埃基层政权，在镇安和郧西的部分地区，成立了第一批区、乡苏维埃。同时，部队进行休整，扩编了 400 多名新战士。到 1 月底，在南部四县创建了第一块革命根据地。

这时，蒋介石调令驻河南省的第 40 军 115 旅两个团开入陕南，驻湖北均县的第 44 师 130 旅 3 个团向陕南推进，统归杨虎城指挥，配合陕军第126旅、警备第2旅、警卫团对红25军发动第一次“围剿”。

1月下旬，吴焕先率领红25军进至柞水县蔡玉窑后，为了调动敌人，创造战机，以一部兵力袭占柞水县城，吸引敌警备第2旅西进，分散了尾追的敌人。2月1日，当敌“围剿”主力柳彦彪第126旅1个团单独追至蔡玉窑时，吴焕先亲率第223团设伏在路边的树林里。当第126旅先头部队进入伏击圈后，吴焕先一声令下：“打——”埋伏在公路两边的第223团战士将子弹和手榴弹猛烈倾泻向敌人，敌军顿时大乱，被冲过来的红军战士将先头部队1个营全部歼灭。

战斗结束后，红25军向北转移到蓝田县葛牌镇。

葛牌镇是个繁华的镇子，由此向北走上几十公里，就出了秦岭，进入关中平原。2月3日，恰是农历腊月三十，天空纷纷扬扬飘起了雪花，老百姓说这是丰年的好兆头。葛牌镇大街小巷张灯结彩，气象一新，人们都在为过新年而忙碌着。红25军进入葛牌镇之后，战士们也都沉浸在过年的节日气氛里。吴焕先下令发动群众，打掉了几家土豪劣绅，开仓济贫。

正当大家都沉浸在欢度春节的喜庆气氛中时，敌第126旅旅长柳彦彪于大年初二率两个团向葛牌镇进攻。吴焕先事先得到群众的报告，率领第223团冒着大雪抢先占领了葛牌镇以南文公岭一带高地，抓紧修筑工事，抗击进犯之敌。

下午2时，敌第251团首先向红军发动进攻，被红军阻于阵地前沿。经过激战，红军将该团第3营全部歼灭，另外两个营也被打垮。天将黑时，敌第248团又增援上来。吴焕先指挥第223团两个营集中机枪火力猛烈压制，又令第225团从侧翼冲杀过去。经过奋勇拼杀，歼敌两个多营，其余敌人慌忙向南溃逃。

经过蔡玉窑、文公岭两次战斗，敌第126旅损失惨重，不敢再贸然进攻，将残兵撤到九间房一带休整。

此后，红25军乘胜在鄂豫陕边区北部的蓝田、商县、山阳、镇安、柞水等县边界地区发动群众，建立地方游击队、抗捐军，加强红军力量。当地许多贫苦群众看到红军纪律严明，连打胜仗，纷纷报名参加红军。在此期间，红 25 军在中共鄂豫陕省委直接领导下，先后在蓝田、柞水、山阳等县部分地区建立了区、乡苏维埃政权，开创了第二块革命根据地。

陕东南五县根据地的开辟，使敌人感到了新的威胁。2 月中旬，驻蓝田的陕军警卫团，在进驻商县、山阳的敌第 40 军 115 旅配合下，向葛牌镇发起进攻。红 25 军为了掌握主动，又南下郧西地区。

2 月 19 日，中共鄂豫陕省委在郧西二天门召开第 20 次常委会议。会议总结入陕后两个月的斗争情况，分析形势，并就红 25 军能否在鄂豫陕边区单独创建根据地的问题，进行了一场重要的思想交锋。会后，省委决定成立中共鄂陕特委和鄂陕游击司令部，特委书记为郭述申（后为戴季英、郑位三），游击司令为陈先瑞，负责统一领导鄂陕边之郧西、旬阳、镇安、山阳 4 县边界地区和陕东南之镇安、山阳、商县、柞水、蓝田 5 县边界地区的工作。

此时，红 25 军得知红四方面军发动陕南战役，前锋已抵汉中以西的消息。为了贯彻省委郧西会议精神，并配合红四方面军进行陕南战役，红 25 军于 2 月下旬由郧西地区西进。途中，连克宁陕、佛坪两座县城，消灭了守城的保安队。

3 月 8 日，吴焕先率部进入洋县华阳镇。这时由郧西尾追而来的敌张飞生警备第 2 旅，已进至华阳镇以东地区。为解除背后威胁，打开华阳镇地区局面，吴焕先决定消灭这股敌人。

3 月 10 日拂晓，吴焕先率部从华阳镇向东行军 7.5 公里，在石塔寺附近设伏，将敌两个团全部打垮，缴获长短枪 500 余支。敌旅长张飞生身受重伤，藏在死人堆里装死才侥幸逃走。

石塔寺战斗之后，吴焕先按照省委决策部署，抓紧在华阳地区发动群众，打土豪分田地，先后建立了 7 个乡的革命政权。至此，初步建立了第三块革命根据地。当时，群众兴奋地唱道：

二月初六炮声响，

警备二旅垮个光；

华阳建起苏维埃，
土豪恶霸一扫光；
分田分财又分粮，
穷人翻身把家当；
吃饭莫忘红廿五，
翻身莫忘共产党。

4月初，红25军从华阳东返到商洛地区，第二次进驻蓝田县葛牌镇。与此同时，陕军警备第3旅两个团，一路上紧紧尾追而来，如同春节前后的情景一样，红军又一次陷入进退维谷的境地。为了摆脱险恶困境，红25军于4月9日在九间房打了一仗，将敌警备第3旅两个团大部歼灭。至此，终于粉碎了陕军的第一次“围剿”！

战后，中共鄂豫陕省委抓紧这一有利时机，在葛牌镇召开了扩大会议。这次会议，充分肯定了入陕4个月来的成绩，同时也检查了领导工作中的错误，彻底解决了争论入川问题，统一了领导思想，进一步坚定了创建鄂豫陕苏区的决心。会议还改选了省委，徐宝珊为省委书记，吴焕先为副书记。

4 月 18 日，红 25 军长途奔袭，出其不意地攻下洛南县城。悬挂过死难烈士的洛南城楼，重新插上了红 25 军的战旗！

红军所以攻克洛南，当时也是为了扩大政治影响，乘胜创建豫陕这个“边”。就红军力量来说，虽然能一举攻占洛南县城，却巩固不住，很快就会招致敌人的重兵围攻！因此，部队也只在洛南县城及其周围乡镇，先后驻扎了 5 天时间。根据省委决定，红军主力仍以陕东南为中心区域，继续向豫西境内和湖北地区发展，力争把这两个“边”连成一片！

接着，红 25 军进至豫陕边的雒南、商县、商南、卢氏等县边界地区，建立了一批区、乡苏维埃政权，组织了地方武装，创建起第四块革命根据地。

这一时期，红军主力也得到进一步发展壮大。仅在攻克洛南后的半个月之内，就吸收新战士 600 余名。这时，全军总兵力扩充了 1/3，共 3700 余人。

至此，已在鄂陕、豫陕和华阳地区，先后创建了四块比较巩固的革命根据地。并成立了鄂陕边区苏维埃政府和10个区46个乡的苏维埃政权，苏区人口近50万，总算是初步建成了鄂豫陕边革命根据地，独立支撑起一个“香炉脚”。红25军在长征途中，以其艰苦卓绝的斗争，开创出一块新的红色区域，可以说是一个伟大壮举！

打破第二次“围剿”

红25军在鄂豫陕边不断取得胜利并创建根据地，国民党大为震惊。蒋介石于1935年4月20日命令原进攻鄂豫皖革命根据地的东北军王以哲第67军3个师、驻郑州的唐俊德第95师开入陕南，同第40军、第44师和陕军会合，共30多个团的兵力，统由杨虎城指挥，发动第二次“围剿”，并限令在3个月内将红25军消灭。

吴焕先在此之前已经了解到敌人将要发动大

规模“围剿”，他和徐宝珊、程子华、徐海东等同志一起商量，决定利用敌人发动第二次“围剿”之前的间隙，抓紧战备整训，开展战前练兵运动。5月4日，中共鄂豫陕省委率军部进驻丹凤县龙驹寨。吴焕先决心利用很短的几天时间，抓紧进行形势教育和反“围剿”的政治动员。他下到各连队，一方面指导连队强化军事训练，一方面鼓励干部战士们再接再厉，一定要取得第二次反“围剿”的胜利！

5月9日，省委书记徐宝珊病逝于龙驹寨。徐宝珊病逝后，中共鄂豫陕省委书记由吴焕先代理。

5月上旬，敌人第二次“围剿”开始。红25军察觉敌人企图后，于5月11日结束整训，迅即投入反“围剿”的作战行动之中。

5月19日，中共鄂豫陕省委在郧西地区召开了第一次执委会议，通过了《关于完全粉碎敌人二次进攻，为开创新苏区而斗争的决议》。《决议》就粉碎敌人的二次进攻，提出了集中一切力量来扩大红军主力，广泛地组织群众参加革命，加紧红军中的政治、军事训练等具体工作任务。

5月下旬，中共鄂豫陕省委又一次在郧西地区举行会议，研究和制定了反“围剿”的作战方针和计划。省委决定：各游击师就地坚持，发动群众坚壁清野，广泛开展游击战争；红军主力则首先北上，争取歼灭东北军一部，然后再采取“诱敌深入，先拖后打”的方针，寻机歼敌一两个师（旅），以运动战和游击战相结合的战法，打破敌人的“围剿”。

第二次反“围剿”，由于中共鄂豫陕省委制定了正确的战略方针，在运动中寻机歼灭敌人，取得了决定性的胜利。这一时期，红25军机动于鄂豫陕三省边界地区，忽南忽北，忽东忽西，把敌人肥的拖瘦，瘦的拖死，打得敌人晕头转向。一个半月之内，先后取得奔袭荆紫关、袁家沟口歼灭战以及威逼西安等重大胜利。

6月初，红军主力由郧西县二天门出发，向北直插商县地区。6月4日夜5日晨，先后在丹江岸边的夜村及商洛镇附近，经过两次激战，突破东北军第110、第129师的包围防线，经由留仙坪继续向北，插到第67军的背后。第110师何立中部忙又掉头尾追而来，这时，红 25 军计划在苍龙岭伏击何立中部，但因被敌发觉，伏击未成，遂转向以东的庾家河一带。敌人原来指向丹江以南的进攻矛头，这时又不得不改而向北，急忙掉过头来，跟踪尾追。

6 月 10 日，红 25 军从庾家河出发，大踏步直奔东南而去。13 日包围商南县城，14 日打下富水关，继而进占青山街，15 日远程奔袭荆紫关……

荆紫关位于河南淅川县境内，为鄂豫陕三省边界要地，是敌第 44 师肖之楚部的后方补给站，守敌约有 1 个营的兵力。红 25 军于 16 日到达荆紫关附近时，以手枪团化装成敌第 44 师的“一支部队”，直奔荆紫关城下。手枪团在穿过敌外围警戒线时，还曾受到守敌警戒分队的“列队欢迎”，没费一枪一弹，即将关外之敌全部俘获。抵近城下时，守敌忽然发觉，急忙关闭城门，仓促开火抵抗。红 25 军主力团跑步赶到，即刻搭起“人梯”，强行登上城头。守敌不战而溃，抱头鼠窜。这次战斗，抄了敌第 44 师的后方补给站，活捉了肖之楚的军需处处长，缴获了不少军用物资。

远程奔袭荆紫关——这一出奇制胜的作战行动，使北顾商县、洛南之敌，又被牵向东南方向。东北军第67军3个师、第44师和陕军警备第1旅等部，均向荆紫关直扑而来。这时，红25军又一次甩开密集之敌，沿着鄂陕交界的崇山峻岭急速西进，继续分散和拖垮敌人。这一路上，都以每日100余里的行军速度，一步不停地向西挺进。天气炎热，山路崎岖，部队行动又很紧急，沿途十分艰苦。许多指战员因为不理解“先疲后打”的战略意图，表现出一些厌倦情绪，私下里议论：“刚端了敌人的补给站，为什么不跟敌人拼上一场！”行军路上，吴焕先总是奔前顾后的，及时对指战员鼓动几句：“牵着敌人的鼻子到处奔走，是红军的拿手战法，有什么不好嘛？这种飘忽行动，比起跟敌人死打硬拼，我看是灵活多了，好得多了。现在多走几天山路，脚上多磨几个泡泡，算什么嘛！我们跑到一定的时候，把敌人拖疲了，拖垮了，回过头再打嘛。哈哈，好戏还在后头呢，等着瞧吧！”接连奔走了四五天，沿途击退敌第 40 军的迎面阻拦，遂又经山阳县转向西北前进。

6 月 25 日，抵达根据地边沿的黑山街。这时，各路尾追之敌都被远远甩在后面，相距最近的陕军警备第 1 旅，至少也有 4 天路程。红 25 军终于赢得了时机，占据了主动，为袁家沟口之战拉开了序幕！

袁家沟口及其以西的桃园岭，是一条 10 多里长的深山峡谷，是一条现成的“口袋”。南北两侧高地，山势险峻，森林茂密，便于部队设伏隐蔽。吴焕先和徐海东商定后，当即决定以这里为战场，采用伏击战术消灭陕军警备第 1 旅。

6 月 30 日，当敌警备第 1 旅跟踪追到小河口时，红军为诱敌进入预定战场，继而向西北方向的红岩寺撤去。第二天，警备第 1 旅两个团跟踪追入袁家沟口。就在这时，红军主力连夜又从红岩寺掉过头来，准时返回桃园岭一带，神不知鬼不觉地展开兵力。

7 月 2 日拂晓，部队在晨雾弥漫中突然发现敌人在袁家沟口村西头集合，尖兵已经向西出发。徐海东立即发出攻击命令。冲锋号一响，红军各种火器突然向密集之敌猛烈射击。第223团首先从北面发起冲击，猛扑敌人。敌人遭到突然打击，乱成一团，慌忙向西逃跑，又遇第225团居高临下迎头打击。经过一番激战，敌大部被歼。敌旅长唐嗣桐率残部向南突围，遭第225团一部和第3路游击师阻击后，占据一个小寨子顽抗，经红军多次猛攻，到午后被歼灭。

袁家沟口一战，全歼敌警备第1旅，毙伤敌团长以下300余人，俘敌旅长唐嗣桐以下1400余人，缴获轻重机枪40挺、长短枪1600余支，其他军用物资亦缴获甚多。红军仅伤亡100余人。这一出色的歼灭战，是红25军第二次反“围剿”中的第二个大胜利。

袁家沟口战后，红25军乘胜东进。为继续掌握主动，把敌人调出根据地，以配合陕北红军行动，吴焕先和程子华、徐海东商量，决定再次转到外线行动，北出终南山，威逼西安。

红25军这一行动，使国民党西安总部大为震惊，使正准备由西安开往天水之东去堵截中央红军的东北军于学忠部被迫停止调动，城内的一些大地主资本家，也纷纷逃往外地。

威逼西安的胜利，打破了敌人的重兵“围剿”，使红军的力量和影响进一步扩大，也宣告了敌人妄图在3个月内消灭红25军计划的彻底破产。

05 军魂不倒血染身

配合主力红军作战

7月15日，在吴焕先、程子华、徐海东率领下，红25军进入距西安只有30多公里的子午镇。

子午镇是个大镇，也是进出终南山的必经之地。部队进入镇子后，吴焕先打算让部队在镇子里作短暂停留，以便研究下一步的行动方向。红25军入陕以来，虽然取得了接连不断的胜利，粉碎了敌人的两次“围剿”，但敌人是不会善罢甘休的，有可能组织第三次更大规模的“围剿”。他一直担心和焦虑不安的是红25军与党中央失去了联系，没有党中央的指示，他们仿佛一条漂行在夜海中的船，找不到航标。

前一段时间，他希望部队在作战中从敌人那里缴获一部电台，可每次缴获的战利品中就是缺少电台。近一段时间，他又要求注意收集每次战后敌人丢下的报纸，希望能从报纸上了解党中央的动向。入夜之后，他独自坐在灯下苦苦思索，中央红军的消息一点不知道，红四方面军也音信全无。部队入陕后，他曾给红四方面军写过几封信，但也未见回音。无论如何，得找到党中央！

这时，郭述申走了进来，手里拿着一卷报纸，有几分高兴地说："政委，你看看这份国民党的《中央日报》，其中有条消息不知是真是假。"

吴焕先急忙拿起报纸，看到一条醒目的标题："共匪中央红军与四方面军在川西会合，大有北逃之势"。吴焕先又翻看了其他几份报纸，立即高兴地一拍桌子说："这消息太重要了！"他拿着报纸立即来找程子华。

程子华坐在一副担架上，手上还吊着绷带。他的手腕伤一直没有愈合，近日来又发炎化脓了。

吴焕先有些激动地说："子华同志，党中央终于有消息了！"

程子华接过吴焕先递来的报纸，看到《中央日报》上那条醒目标题，也高兴地说：“两大主力红军会师看来是事实了，而中央红军北上的行动也可能是真的。因为近一段时间，敌人的几十万大军云集川陕边界，进行布防堵截，这表明主力红军确有北上的动向！”

这时，警卫员姚小川进来报告说：“政委，刘华清、陈忠寿带着一个客人要见你！”

吴焕先说：“让他们进来。”

19岁的刘华清跨进门便说：“政委，你看是谁来了？”

吴焕先一见来人，立即高兴地大步上前，一下子抓住来人的手，说：“石健民，你这个地下交通员怎么半年不来呢？快告诉我，带来了党中央的消息没有？”

石健民笑着说：“你不要急嘛，先让我跟程军长见见面嘛！”

吴焕先这才放开石健民，让他走过去与程子华打招呼。

程子华伸出左手与石健民握手，石健民这才

发现程子华的手负伤了，不由得惊道：“程军长，你……的手负伤啦？”

程子华叹了口气说：“是啊，都几个月了，伤还没好，不能打仗，还要躺在担架上，简直急死人了！”

石健民说：“军长还是安心养伤吧，指挥打仗有政委和海东同志嘛。”

程子华说：“是啊，若不是吴政委挑大梁，红25军能取得一、二次反‘围剿’的胜利吗？”

石健民看了一眼吴焕先，然后介绍了这次从上海来陕南找红25军的目的，并带来了党中央数月前发出的几份文件，同时也带来了中央红军和红四方面军已在川西会师和北上行动的消息。

听了石健民的介绍，吴焕先激动不已。他当即决定：部队今晚就开拔，赶到长安县的丰峪口，他要在那里主持召开一次省委会议，决定红25军下一步的行动方向。

7月15日夜，吴焕先在丰峪口主持召开了中共鄂豫陕省委紧急会议。他根据中央文件精神，以及报纸消息和敌情动态，分析了斗争形势，认为“日本帝国主义的入侵和国民党的出卖，使民族危机空前严重，积极准备与日本帝国主义作战的任务更加迫切”；“两大红军主力在西北方会合的胜利，与将要形成的中国西北部苏区根据地……都是目前中国革命发展的新的形势特点”；“为树立中国西北方较大的红军主力，成为西北革命运动之柱石，配合红四方面军、中央红军之行动，与积极准备同帝国主义作战的阵地”，决定率领红 25 军西征北上，到陕北“同红 26 军会合起来，集中形成一个大的力量，有力地去消灭敌人，配合红军主力在西北的行动，迅速创建西北新的伟大的巩固的革命根据地”。同时认为，配合红军主力在西北的行动，是红 25 军最为紧迫的战斗任务。这一独立自主的战略决策，完全符合全国革命形势发展的需要，符合党中央把革命大本营放在西北的战略意图。这一战略决策的成功，后来也被历史肯定。毛泽东曾经讲过：“徐海东之由陕南经陇东入陕北，乃偶然作成中央红军之向导……”

多年后，程子华在回忆录中写道：“红 25 军北出终南山，威逼西安时，得知中央红军消息后，吴焕先同志在长安县丰峪口主持召开了省委紧急会议，作出西出甘肃，直逼敌后方，配合红军北上的决定。在远离中央领导又与兄弟红军隔绝的情况下，省委能够作出战略决策，这是与吴焕先同志的通观全局的战略远见、坚决果断的革命胆略分不开的。”

7 月 16 日，红 25 军即从丰峪口出发，沿秦岭北麓向西挺进。这支从大别山转战而来的劲旅，在吴焕先、程子华、徐海东的率领下，又一次踏上长征的道路，跨上了新的战斗征途。两天之后，便进入周至县境。

当时，陕西各个军司令部，都认为红 25 军的目的，是渡过渭水与北方的刘志丹会合。因此，敌人的主要兵力亦在西安至宝鸡的渭河两岸展开，形成一道严密的封锁防线。

就在这时，红 25 军于 7 月 22 日晨，由辛口子向南折入秦岭山中。

为了隐蔽行动意图，给敌人造成一种错觉，红 25 军沿着红四方面军当年入川时走过的一条老路，经由辛口子、青岗砭、老君岭等地，翻越高耸入云的太白山。沿途，部队亦佯作进入汉中之状，借以迷惑敌人。

7月27日，红25军到达留坝镇的江口镇。连续10多天的行军作战，部队也十分疲劳，省委决定在此休整两天，进行西征北上的思想动员和物资准备工作。这时，部队也进行了整编，将跟随主力部队一起行动的第4路游击师，共280余人，分别编入作战部队。整编后，红25军仍辖223、225团和手枪团，连同机关和直属分队，共4000余人。

就在地处太白河岸边的江口镇，吴焕先还以省委名义写了两封指示信，送给留在陕南的郑位三、陈先瑞等同志。信中，除了叙述当前斗争形势和红25军西进陕甘的战略任务，着重就坚持和发展鄂豫陕边的游击战争，巩固这块新创建的革命根据地问题，作了具体指示。在此关键时刻，吴焕先并没有轻易决定放弃这块根据地正是鉴于这一地域的战略地位，吴焕先十分珍惜这块来之不易的立足之地。他的这种做法，与当初撤离鄂豫皖苏区之时，决定留下高敬亭组建红28军，继续坚持大别山区的游击战争，完全是一脉相承的，后来都被历史证实和肯定。作为代理省委书记，吴焕先用心之良苦，部署之周密，对于发展前景的展望，犹如一把熊熊燃烧的火炬，继续照亮着鄂豫陕边的一方区域。

从留坝到凤洲的深山峡谷之中，坎坷的山路又窄又陡，弯曲的小河又急又湍。部队一会儿翻山，一会儿过河，草鞋湿了又干，干了又湿。一路上人不停步，马不卸鞍，日夜兼程，勇往直前，天气又比较炎热，日当午时，就得抓紧歇上两个钟头，恢复一下体力。

吴焕先是全军有名的快腿，走路总像带着一股风似的，无论行军爬山，谁都很难追上他。他那瘦弱的身体里面，好像储藏着用之不尽的精力，总是这样奔前跑后。行军路上，他也很少骑乘牲口，经常把骡子让给伤员病号。有时即使骑在牲口背上，也要找上两张报纸看看，动脑子思考问题。如果忽然想到些什么，便又闪出行军队列，跳下牲口站到一边，告诉有关人员去处理。他的这种举动，全军指战员都有目共睹，有口皆碑。

7月31日，红25军223团第1营以迅雷不及掩耳之势，轻装奔袭10余公里，攻占川陕公路要地双石铺（今凤县县城），歼敌一部。

当天傍晚，第1营设在双石铺东北数里处的警戒排哨，恰好又截得一顶滑竿，捉住一位气度不凡的人物。此人中等身材，白白胖胖，身着白绸大褂，头戴博士凉帽，手中摇着一把蒲扇，悠悠荡荡从凤县而来。见红军战士拦截盘问，他还以为是地方民团，挥着扇子讲道："弟兄们，请不要误会，都是自家人嘛……"这人外表不像军人，却佩着一柄刻有"不成功则成仁"的短剑，当下就被红军捉拿住了。3连排长张天云发现此人形迹可疑，马上就派了一班战士，将其押送到双石铺。经过审问，原是敌军的一位少将参议。这个被截获的高级俘虏，随身带着许多文件和报纸，及时提供了至关重要的军事情报。

吴焕先从敌少将参议口供中得知，红军一、四方面军会师之后，先头部队已到达松潘地区，继续向陕甘边境前进。所截获的报纸上，亦有这方面的战事消息。综合敌人口供和报纸消息，并从各种迹象分析判断，证实两大主力红军正在分头北上。而敌胡宗南第 2 纵队、鲁大昌新编第 14 师、王均第 3 军、于学忠第 51 军、邓宝珊新编第 1 军及马鸿宾第 35 师，都分别于四川西北部、甘肃南部边境、渭水两岸和西（安）兰（州）公路沿线，企图堵截主力红军北上。在此时刻，急切盼望的两大红军主力，眼看就要过来了，这是多么难得而又振奋人心的消息啊！

就在双石铺，吴焕先又一次主持召开紧急会议。会上，他以省委代理书记的名义，坚决果断地作出新的战略决定，策应主力红军的北上行动。他说："现在，我们红 25 军的战略行动，就是要千方百计牵制敌人，拖住陕甘边敌人的行动，策应两大主力红军顺利北上。到了紧急关头，我们也没有什么可犹豫的、可观望的，应当以我们的作战行动，尽快把敌人吸引到我们身边，减轻主力红军的压力。现在就得这样行动！"程子华、徐海东等同志，都一致表示赞同。

部队在双石铺停留两天，就势开展了群众工

作，打土豪分浮财。与此同时，部队也补充了一批粮食物资，做好进入甘肃两当的行动准备。军领导事先派手枪团化装潜入两当城内，于8月3日配合先头部队攻占该城，俘获保安队官兵数十名。进入甘肃境内的第一座县城，飘起了红25军的战旗！街头巷尾，到处都贴上红军的标语布告，兴起了开仓济贫的斗争热潮……

直捣敌人后方的红25军，接着由两当以北的利桥镇转向西北，直逼天水城下。8月9日晚，乘敌“第12师大部西开，第51军接防部队未到”之机，徐海东亲自率领223团第2营，攻占天水城北关，缴获大批军用物资。这时，敌人由天水西调的第3军12师一部，在其副师长周开勋率领下，忙又从武山、甘谷掉头回援，沿天靖山抵达天水城内，猬集于渭河两岸凤翔、宝鸡、清水等地的东北军第51军3个师，亦有抵近天水“增防”之状。随时处于敌人夹击之中的红25军，因在天水附近难以立足，遂又转向天水以西的新阳镇一带，并决定从这里北过渭河。8月11日，红25军兵临渭河岸边……

四坡村中弹牺牲

北过渭河，这一出奇制胜的行动，完全把自己置于主动地位，可以说是一举两得：既可以乘机转入陕北，实现与陕北红军会师的目的，同时又可以扼住西兰公路，策应主力红军的北上行动！

军供给部过河以后，吴焕先忙把剃头匠熊发龙喊来，随手将他牵着的牲口缰绳，递给对方说："老熊同志，这一路行动紧急，叫小熊骑上我的骡子，好好跟上队伍，千万不要掉队！……"熊发龙一接过缰绳，心里就感到不是滋味儿，面有难色地支吾着：

"吴政委，你……我……我背得动这个崽子，保证不会掉队！"

吴焕先不容推辞地说："我不是跟你做人情，必须服从命令！中国革命是长期的、艰苦的，道路也是曲折的，将来还要依靠这些随军远征的小兄弟，补充我们的队伍，壮大革命力量！对了，225团炊事班那个可爱的小兄弟，也要收养在军供给部。这事，就由你操心负责……骑上我的骡子！”

被称为“可爱的小兄弟”的，就是在长征入陕的途中，吴焕先讲过的河南光山县匡家湾的匡书华。这个红军“小兄弟”，跟着他的哥哥经过千里转战，随军到了陕南。谁知担任炊事班班长的哥哥匡占华，偏又在战斗中牺牲，使他失去了唯一的亲人。与炊事班形影不离的“小兄弟”，便成为全班的重点保护对象。他在全班哥哥的帮助照顾下，作为红军的一员候补战士，继续西征北上。

追随红军的熊氏父子，当时就以“老熊小熊”闻名遐迩，在长征路上传为佳话。熊发龙是个剃头匠出身，皖西六安县人，当过乡苏维埃主席。当初，他就背着个八九岁的娃娃，参加了红25军。长征出发时，精减了部分老幼病残，他们父子亦在其中。可他随后又背着他的儿子，偷偷地越过平汉铁路，跟在部队后面。第223团的供给处处长刘炳华，遂将这一对“父子兵”收留下来，好在不是战斗连队，能够“窝藏”得住。等到上级领导发现时，生米已煮成熟饭。

向来以“儿童军”著称的红 25 军，十二三岁的少年儿童，也有 10 多个。但能够回忆起姓名的，就是匡书华和熊开先。他们跟随自己的父兄，经历了艰难困苦的长征历程，在红军长征的“摇篮”里长大成人。坎坷的征途，血染的道路，使得他们在幼年时代就经受了风风雨雨，同时也形成了前仆后继的革命意志。

8 月 11 日，红 25 军北过渭河以后，即一举攻占秦安县城。12 日，又放弃秦安北进，继续插向敌人纵深，以截断西兰公路，进一步牵制敌人，积极配合主力红军的北上行动。8 月 14 日威逼静宁县城，毙伤敌人数十名。守敌新编第 11 旅刘宝堂部，惊慌异常，急向兰州求援。至此，横贯陕甘两省的西兰公路，即被红 25 军切断，打乱了敌人围堵红军的部署，有力配合了中央红军的行动。

红 25 军威逼静宁后，于 8 月 15 日进驻兴隆镇，暂作休整。

兴隆镇，就在静宁县城以北 25 公里的葫芦河谷，是回族群众聚居的地区。红军要想进驻兴隆镇，首先必须取得回族群众的信任和拥护，否则难以立足休整。

对吴焕先来说，部队进驻兴隆镇，如何争取团结回族宗教人士，搞好与回族群众的关系，都是不容忽视的问题，也是一个新的课题。

吴焕先首先做了大量的调查研究工作，根据他所了解掌握的情况和现实状况，并结合回族的宗教信仰和风俗习惯，为部队制定了“三大禁令、四项注意”，即禁止部队驻扎清真寺，禁止毁坏回族的经典文字，禁止在回民地区吃大荤；注意遵守回族人民的风俗习惯，注意使用回民水桶在井里打水，注意回避青年妇女，注意实行公买公卖。

吴焕先亲自召集当地的知名人士和阿訇开座谈会，宣传党的抗日救国主张和红军的政策纪律，讲明红军只是稍作停留，不征粮派款，不拉夫抓丁，以解除他们的思想顾虑，稳定人心。

8月16日早晨，首先引起轰动的，就是几张用毛笔写成的红军“三大禁令、四项注意”的布告，分别贴上兴隆镇的街头。三大禁令内容和四项注意事项，都写得一清二楚，违犯者要以军法论处。部队严格执行党的民族政策，普遍开展群众工作，进行助民劳动。街头巷尾，到处都打扫得干干净净。

中午，随着一阵嘹亮的军号声冲破云天，整个兴隆镇沸腾起来，红军战士排着整齐的队伍，沿着大街走向清真寺，赠送礼品仪式隆重开始。吴焕先走在队伍的最前面，身后 4 名身材高大的战士抬着一块金匾，匾上“回汉兄弟亲如一家”几个大字在阳光下金光闪闪。接着是用 12 张香案桌抬的覆盖着红绸布的礼品：6 个大银元宝和 6 头宰杀干净的肥羊。随着一声响亮的口号，队伍立定。吴焕先向前走了几步，用洪亮的声音庄重地说：“我们代表中国工农红军向清真寺赠送礼品，这是我们全军指战员的一片真心，请收下吧！”阿訇行礼答谢后，毕恭毕敬地用双手揭开礼品上的红绸布。人群中顿时爆发出一阵热烈的掌声和欢呼声。接着，阿訇请吴焕先讲话，他借此机会再一次向回族群众宣传党的政治主张，表明我军的意图。

红 25 军医院的医护人员，还热情为群众治病。在一家中药铺的柜台前面，有个肚子鼓得像西瓜似的回民老乡，骑着毛驴赶来抓药，恰好遇到军医院院长钱信忠。当着这位红军“医官”，药铺堂柜随便唠了几句，说这病人也不知抓过多少药方，已经半年多了，都不见好转。钱信忠为其作了一番诊断，原来是个腹胀病患者，肚子里鼓着水呢！当下就叫患者躺在一条长凳上，按着肚皮扎了两个针管，那一股一股带着臭味的液体，源源不断地喷射出来。约莫一顿饭的工夫，患者的肚皮就渐渐塌了下去，他如释重负地舒了口气，脸上露出笑容，眼里噙着感激的泪花。

就这么一件平常事儿，却在镇上引起了很大震动。许多拥在一旁围观的男女群众，都带着一种诧异的目光，把红军“医官”看了又看，瞧了又瞧，紧紧围着不肯走开。人们都把钱信忠视为了不起的神医！

红 25 军的实际行动，扩大了党与红军的影响，使当地回民百姓深受感动，“红军好”的消息很快传遍了回民地区。

后来，中央红军经由此地到达陕北以后，毛泽东在接见徐海东和程子华时，还曾夸奖过红

25 军路过陇东回民地区时留下的良好影响，说你们的民族政策水平很高，执行得很好！这里面，凝结着军政委吴焕先的心血啊！他为红 25 军争得了光荣，赢得了声誉……

8 月 17 日，红 25 军开始沿西兰公路东进，一举攻克隆德县城，歼守敌第 11 旅 2 团 1 营大部。当晚，沿西兰公路继续东进，连夜翻越六盘山。18 日，进至瓦亭附近时，与由固原赶来堵截之敌第 35 师一部突然遭遇。经过激战，终将敌人击退，并相继占领瓦亭、三关口、蒿店等地。19 日，直逼平凉城下。

这时，敌第 35 师一面令第 105 旅一部增援平凉，一面令师直属骑兵团及第 104 旅 208 团，分别由庆阳西峰镇、宁县早胜镇，向泾川县城集中，企图将红 25 军逐出陇东地区。红 25 军为了继续钳制敌人，于 20 日绕过平凉县城，由该城以东之四十里铺附近南渡泾河，沿西（安）兰（州）公路进至白水镇。敌第 35 师 105 旅 3 个步兵营尾追而来。傍晚时分，红 25 军冒着大雨进到马莲铺以东，抢占打虎沟高地，将敌全部打垮，歼敌 1 个多营。亲自到马莲铺督战的敌第 35 师师长马鸿宾也险些被红军俘虏。

这时，因连日暴雨，公路北侧的泾河水猛涨，部队再要北渡泾河，已很困难。而在公路沿线一带活动，南面是一道地势突兀的高塬，北面又面临着一条波涛汹涌的泾河，回旋余地狭窄，处境十分险恶。如不及时改变行进路线，摆脱敌人的前后夹击，时刻都有遭到覆灭的危险。吴焕先等领导同志，果断决定暂时离开公路沿线，翻越南面的黄土高原，南渡泾河支流汭河，摆出一副佯攻灵台县城的架势，给敌人造成一种企图“夺路入陕”的错觉，实则西去威逼崇信县城，继续切断西兰公路，以探听中央红军的行动消息。

8 月 21 日，红 25 军离开白水镇东进，在泾川县城以西的王村翻越王母宫塬，徒涉汭河。吴焕先亲自站在岸边指挥部队渡河。红 25 军奔驰于陇东高原，他总是哪里有危险就出现在哪里，哪里有困难就挺立在哪里！他像一团烈火，给指战员增加了热和力；他像一面战旗，给部队带来了希望和勇气。

为争取时间，吴焕先首先指挥手枪团和第225团，抢先渡过汭河，占领以南高地，并向泾川方向进行警戒，防止敌人突袭。先头部队涉过汭河以后，吴焕先并没有跟随过河，而是就地留在汭河北岸，指挥军直机关分队，继续渡河。就在此时，山洪突然暴发，河水突涨，几名同志不幸被激流卷走。军直属队和在塬上担任后卫任务的第223团被阻于汭河北岸。

吴焕先领着交通队的两个班，接连试探了几处渡口，都被洪峰顶了回来，没有成功。恰在这时，军直学兵连指导员张体学，忽然从一旁奔了过来，对吴焕先讲道："政委，供给部驮着成匹的白布，派人牵上几匹过去，拴在对面的大树上，可以当作绳索……"大家都认为是个好办法，可以试探一下。

"哈哈，你这个'葫芦'里面，装着好方子哪！"吴焕先乐呵呵地笑道。

徐海东想了想说："水势太猛，就怕不能持久。先试一试看吧！"

军供给部正在渡河时，塬顶上忽然响起了枪

声。一场突如其来的战斗，在王母宫塬上打了起来。敌第35师104旅208团1000余人，在一连骑兵的配合下，由泾川方向沿着王母宫塬顶，蜂拥般地突袭而来。守在塬顶四坡村的第223团3营，当即凭借房屋土墙，与敌人展开激战。一阵阵猛烈的枪声，手榴弹的爆炸声，刺刀的撞击声，愤怒的冲杀声，把四坡村震得地动山摇。这时，大部队已经渡过汭河，无法回援，担负后卫掩护任务的第223团，完全处于背水一战状态。如果不能坚决打退敌人的进攻，后果将不堪设想。

吴焕先和徐海东决定分头指挥部队，坚决反击敌人。徐海东立即赶到第223团驻地，指挥该团第1、第2营投入战斗，从正面实行反击。吴焕先则带领交通队和学兵连100余人，从右翼插入敌后，拦腰截击敌人。他的身材虽比较瘦弱，但脚下却很有功夫，到了紧急关头，他那双闻名红25军的飞毛腿，可以赛过一匹快马。山高、坡陡、路滑，他指挥部队抄着一条隐蔽的陡峭小路，一鼓作气地从河边奔上塬顶，正好插到敌人的尾部，切断了敌人的后路。战士们不顾泥泞路滑，很快抢占了

几处高地，从侧后向敌人发起攻击。敌人只顾向四坡村发动攻势，没想到从背后杀出一支奇兵，顿时乱作一团，抱头鼠窜。吴焕先一面指挥部队猛烈反击敌人，一面对战士们大声疾呼：“同志们，压住敌人就是胜利，决不能让敌人靠近河边！一定要坚决地打！”军政委的战场鼓动，激励着战士们冲向敌群，奋勇拼杀。

然而，就在这时，吴焕先刚好冲过一道沟坎，突然飞来一颗罪恶的子弹，穿入他的前胸。只见他就地打了个趔趄，仰身躺在泥泞的地上……

身边的两个交通队队员急忙扑上前去，把吴焕先抱到一处隐蔽的土坎底下，进行急救包扎。这时，吴焕先的脸色已经变得苍白，双目微微地眨动着，只是蠕动了几下嘴唇，欲言又止。他当下就说不出话了。鲜血从胸膛里面涌了出来，染红了他的灰布军装，滴答滴答地落在地上。

指战员听到吴焕先负伤的消息，更激起了对敌人的无比仇恨，人人怒火万丈，个个锐不可当。大家都急红了眼睛，怒目圆睁，杀气腾腾，奋不顾身地冲向敌群，与敌拼刺刀肉搏。第 223 团 2 营的3个连队，在营长郎献民、政委田守尧的带领下，向敌人发起了猛烈冲锋，赶羊似的把敌人压到一条烂泥沟里，敌人炸了群似的奔逃的奔逃，跳崖的跳崖，人马互相践踏，各自不能相顾。深沟底下，恰是一片泥水淤成的稀浆，陷落到沟底的人马，一个也没有挣脱出来。敌团长马开基被击毙。

王母宫塬上的一场恶战，敌第208团被全歼，侥幸逃跑者寥寥无几。但是，凡是参加作战的指战员们，谁也没有表现出激战后的喜悦，胜利后的欢笑，而是处于万分悲痛之中，无不热泪盈眶，捶胸顿足。因为，就在战斗即将结束的时刻，军政治委员吴焕先，躺在了王母宫塬上，停止了呼吸，时年仅28岁。

当天晚上，交通队战士就抬着吴焕先的遗体，踏着汹涌翻滚的惊涛骇浪，一步一步地簇拥着，很快渡过汭河。

先头过河的部队，大都在汭河南岸的百烟村、龙王庄、郑家沟一带，就近驻扎宿营。军部就驻在郑家沟。这个依山傍水的村子，位于泾川县城以西，相距只有10余公里。因为此地有一户郑氏大地主，占据着一块川原相间的沟口，名声盖于泾川县境，故名郑家沟。事也凑巧，在为军政委料理后事时，恰在村里找到一口现成的好棺材，五寸厚的柏木棺材，漆得油光铓亮。原是为大地主郑庭瑞寿终正寝准备的一口柏木棺材，便成了安葬军政委的难得之物。

骁将英名留人间

吴焕先是红 25 军的军魂。他像一颗耀眼的流星，一闪即逝，但他身上散发的光芒却永远照耀着红 25 军继续前进。他的丰功伟绩已载入中国革命史册，光照后人，永不泯灭。

1935 年 9 月 7 日，红 25 军到达合水东北的豹子川（今属华池），中共鄂豫陕省委在此召开会议。会议决定由程子华代理鄂豫陕省委书记兼红 25 军政治委员，徐海东任军长，戴季英任参谋长，郭述申任政治部主任，带领红 25 军继续北上。9

月 15 日，红 25 军胜利到达陕北延川县永坪镇，与刘志丹领导的陕北红军会师，胜利结束长征。英勇善战的红 25 军，终于实现了吴焕先生前所作出的战略决策，成为红军长征中先期到达陕北的第一支队伍，并以新的战斗胜利，迎来了党中央和中央红军。

1935 年 10 月，毛泽东称赞："红 25 军远征为中国革命立了大功，吴焕先功不可没！"

1963 年清明节期间，中共红安县委、红安县人民政府在位于红安县城东北角的革命烈士陵园（2010 年改建为黄麻起义和鄂豫皖苏区纪念园）修建了吴焕先衣冠墓。

1979 年，李先念为墓碑题词：吴焕先同志之墓。

1985 年 8 月，为纪念吴焕先英勇牺牲 50 周年，分别在河南郑州烈士陵园和甘肃兰州烈士陵园，建立吴焕先纪念碑和纪念亭。邓小平为郑州烈士陵园纪念碑题写了"吴焕先烈士纪念碑"碑名；徐向前为兰州烈士陵园纪念亭题词："赤胆忠心，英勇善战"。

1985年10月，中共河南省委、河南省人民政府在吴焕先的家乡新县举行了隆重的纪念大会，为吴焕先树立了纪念碑和纪念塑像。纪念碑碑文由红25军战史编委会撰写，经胡乔木、胡绳修改审定。

1986年11月，在纪念红军长征胜利50周年的日子里，中共甘肃省委、省人民政府在兰州华林山烈士陵园建立了“吴焕先烈士纪念碑”。碑身正面镌刻着徐向前题写的“吴焕先烈士纪念碑”碑名，背面是红25军先烈纪念委员会撰写的介绍烈士生平的碑文。

2009年9月10日，吴焕先被评为100位为新中国成立作出突出贡献的英雄模范之一。

2013年7月，泾川县吴焕先烈士纪念馆建成，是甘肃省爱国主义教育基地、甘肃省关心下一代教育基地、平凉市党员干部实践教学基地。纪念馆现有革命历史遗迹包括吴焕先烈士陵园、红25军四坡战斗临时指挥部——红军楼、“羊圈洼”四坡战斗旧址、红军渡河口等4处。

2017年8月21日，河南省卢氏县纪念“军魂”吴焕先诞辰110周年活动在兰草革命老区举行。红25军后代代表和专家学者深刻缅怀吴焕先等老一辈无产阶级革命家为党、为国家、为人民、为军队作出的杰出贡献，追思他们的革命精神和高尚品格，激励后人铭记历史，发扬革命先烈留下的优良传统，把理想信念、光荣传统、红色基因一代代传下去。

英雄从未远去，英雄一直与我们同在。

后 记

吴焕先的一生虽然短暂，却在中国革命的历史上留下了难以磨灭的璀璨印记。他是鄂豫皖省委、鄂豫陕省委和红25军的卓越领导者，为中国人民的解放事业作出了重要贡献。他是智勇双全的指挥员、身先士卒的战斗员，是出色的政治家和宣传鼓动家，具有坚定的革命原则性、远见卓识的政策策略思想，善做政治思想工作，密切联系群众，严格治军，深受指战员爱戴，在部队中享有很高的威望。不管在多么危急的关头，指战员只要看到吴焕先来了，就勇气倍增，就充满了必胜的信心。

硝烟散去，英雄已逝。但中国人民永远不会忘记为中华民族解放事业作出贡献的英雄们，永远不会忘记为今日和平浴血奋战、以身殉国的烈士们。中华民族是英雄辈出的民族，新时代是成就英雄的时代。让我们自觉传承弘扬爱国主义和革命英雄主义精神，培养爱国之情，砥砺强国之志，实践报国之行，崇尚英雄、学习英雄、关爱英雄，大力弘扬英雄精神，汇聚实现中华民族伟大复兴的磅礴力量，在建设中国特色社会主义的伟大实践中书写人生的华彩乐章。

本书在充分吸收借鉴前人研究成果的基础上，结合中国革命发展历史，从吴焕先波澜壮阔的人生历程中，选取最具代表性的英雄事迹和最能感动人鼓舞人的英雄故事，在充分尊重史实的前提下，编写成这本故事汇，力求把人物融入历史，把精神贯入故事，把故事汇入时代，让读者更好地走进英雄、感知英雄，在重温那段血雨腥风的岁月中，体悟英雄模范在革命战争年代的那种坚定信仰和伟大精神。在编写过程中，得到军事科学院军队政治工作研究院领导、机关的大力支持，李平、李博、张明金、康月田、赵一平、陈政举、王建强等多位军史专家进行了审读，提出了宝贵的意见。

主要参考的书籍和资料有：《中国工农红军第二十五军战史》（中国工农红军第二十五军战史编

审委员会著/解放军出版社)，100位为新中国成立作出突出贡献的英雄模范人物《吴焕先》(卢振国编著/吉林文史出版社)，《血沃中原——吴焕先传记》(卢振国著/河南人民出版社)，《中国工农红军第四方面军战史》(中国工农红军第四方面军战史编辑委员会著/解放军出版社)，《红军长征纪念丛书·红二十五军卷》(中共中央党史研究室编/中央党史出版社)，中国人民解放军高级将领传《徐向前传》(中国人民解放军高级将领传编审委员会著/解放军出版社)，《徐向前回忆录》(徐向前著/解放军出版社)，《程子华回忆录》(程子华著/中央文献出版社)，《河南英烈传·卓越将领吴焕先》(韩文根著/海燕出版社)等。

在此，谨向关心和帮助过的各位领导、专家学者，以及上述作者、编辑致以最诚挚的谢意!

图书在版编目（CIP）数据

吴焕先 / 军事科学院解放军党史军史研究中心编. -- 北京：学习出版社，2022.11
（中华先烈人物故事汇）
ISBN 978-7-5147-1091-5

Ⅰ.①吴… Ⅱ.①军… Ⅲ.①吴焕先（1907-1935）—传记 Ⅳ.①825.2

中国版本图书馆CIP数据核字（2021）第248786号

吴焕先
WU HUANXIAN
军事科学院解放军党史军史研究中心

责任编辑：张　俊　　封面绘画：刘书移
技术编辑：刘　硕　　内文插图：韩新维
美术编辑：杨　洪　　装帧设计：壹读闻话

出版发行：学习出版社
北京市东城区崇外大街11号新成文化大厦B座11层（100062）
010-66063020　010-66061634　010-66061646
网　　址：http://www.xuexiph.cn
经　　销：新华书店
印　　刷：北京中科印刷有限公司

开　　本：787毫米×1092毫米　1/32
印　　张：5.375
字　　数：76千字
版次印次：2022年11月第1版　2022年11月第1次印刷

书　　号：ISBN 978-7-5147-1091-5
定　　价：21.00元